CONFORME AUX RECOMMANDATIONS NATIONALES ET INTERNATIONALES

EdSens

Éducation et sensibilisation à la vie affective

Maternelle

Programme complet

par Sébastien Brochot

D1662119

EdSens.fr

Sommaire

Vous repérez une erreur, une faute ? Vous souhaitez faire une suggestion ?
N'hésitez pas à nous le dire via le formulaire dédié disponible sur **edsens.fr**.

Un immense merci aux professionnels pour leur relecture et leurs commentaires constructifs.

La plupart des séances impliquent l'utilisation de supports. Les images sont déjà incluses dans ce livre, mais vous pouvez également les télécharger pour les imprimer sur feuilles volantes ou les projeter sur un écran.

Les autres supports (sons, vidéos, etc.) sont disponibles sur le site internet **edsens.fr**.

Le code de téléchargement est disponible en fin d'ouvrage (page « Supports »).

Chaque groupe de séances est suivi d'une page de « Notes » à remplir avec vos commentaires sur les interventions effectuées.

Les séances d'**éducation à la vie affective** ne se substituent pas aux contenus déjà intégrés aux programmes scolaires, notamment en **sciences de la vie et de la Terre** et en **enseignement moral et civique**.

Elles viennent en supplément ou en complément des apports proposés dans ces matières.

Programme **Ed**Sens

Éducation et sensibilisation
à la vie affective

en **maternelle** et en **élémentaire**

Cahier de l'intervenant

bonheur.fr

UN CAHIER POUR LES INTERVENANTS DU PRIMAIRE (MATERNELLE ET ÉLÉMENTAIRE)

Intervenir sur une thématique aussi complexe que l'éducation à la vie affective nécessite une bonne préparation et un accompagnement.

Pour vous aider à la mise en place de ces séances, nous avons édité un *Cahier de l'intervenant*, dont nous vous conseillons vivement la lecture. Il est disponible sur le site **edsens.fr**.

Ce cahier propose des informations essentielles à la mise en place des interventions : préparation des séances, connaissances historiques, recommandations de l'Éducation Nationale et des instances internationales, enjeux et principes éthiques, étapes du développement de l'enfant par classe d'âge, connaissances sur l'impact des séances, réflexion et conseils sur la posture éducative et le lien à l'enfant.

Ce cahier propose également des conseils et des informations indispensables à la gestion des situations complexes : liens avec les parents et avec l'équipe éducative, obligations légales, repérage et signalement des mineurs en danger, etc.

Afin de vous aider à y voir plus clair, un *Questionnaire de l'intervenant* y a également trouvé sa place. Il vous invite à une prise de conscience de vos propres représentations et de vos limites sur le sujet.

Et si ce cahier ne vous apporte pas toutes les réponses attendues, vous trouverez des ressources complémentaires sur le site **edsens.fr**.

Bonnes séances !

Intervenir en éducation affective, relationnelle et sexuelle

– Qui et quoi ?

L'éducation à la vie affective permet aux enfants et aux adolescents de grandir sereinement, en ayant une image positive d'eux-mêmes et des autres, de mieux gérer leurs relations avec les autres (famille, amis, etc.), et de mieux comprendre la société au sein de laquelle ils grandissent.

Les intervenants en éducation à la vie affective sont de préférence des professionnels de l'enfance, de l'éducation, de la santé ou du social formés à ce type d'intervention. Parents ou non, jeunes ou moins jeunes, femmes ou hommes, on peut être compétent à partir du moment où les enjeux et les objectifs sont clairs.

Il est important de se questionner sur ses propres difficultés avant d'investir le champ de l'éducation à la vie affective. Aussi, les personnes se sentant trop fragiles ou trop investies émotionnellement (souvenirs douloureux de sa propre enfance, envie de sauver le monde entier, etc.) auront tout intérêt à prendre le temps de faire un travail personnel, d'introspection, par exemple en consultant un thérapeute (psychologue clinicien, psychiatre, psychothérapeute, etc.) avant de se lancer dans cette aventure.

Avant d'intervenir sur ce thème sensible, assurez-vous :

- d'être assez informé et formé sur le sujet

- d'être accompagné (si ce n'est pendant les séances, au moins sur leur préparation)

- d'avoir présenté aux parents la forme et le contenu des interventions

- de pouvoir pérenniser ces actions afin que tous les enfants d'une même classe d'âge entendent régulièrement des messages de prévention cohérents et complémentaires

- qu'un suivi est assuré par l'équipe éducative (formée à repérer et signaler les situations préoccupantes)

- de pouvoir vous appuyer sur un groupe de pratique pour faire le bilan de vos interventions

– Pour qui ?

Dans ce livre, vous trouverez des séances et les supports des séances adaptés aux enfants de maternelle :

CYCLE 1

TOUTE PETITE SECTION (TPS)
PETITE SECTION (PS)
MOYENNE SECTION (MS)
GRANDE SECTION (GS)

Nous proposons dans cet ouvrage sept séances par niveau, parfois assez similaires d'une année à l'autre, la répétition étant nécessaire à l'intégration de certaines notions.

Dans la pratique, sauf exception, vous pouvez proposer les séances d'un même niveau dans le désordre.

Il est évidemment bénéfique pour les enfants de proposer un plus grand nombre de séances, tant que leur contenu est adapté à l'âge et au niveau de développement des participants. Chaque séance peut être donnée plusieurs fois aux mêmes enfants au cours de l'année, en utilisant par exemple les variantes proposées.

INTERVENTIONS EN MATERNELLE

Cycle 1

	TPS	PS	MS	GS
Séance 1	Verbaliser ses ressentis ✋	Verbaliser ses ressentis ✋	Connaître les émotions ✋	Connaître les émotions ✋
Séance 2	Similarités et différences 💬	Similarités et différences 💬	Similarités et différences 💬	Similarités et différences ✋
Séance 3	Mon corps ✋	Les parties du corps, les bébés ✋	Le corps, la nudité ✋	Les parties du corps, les bébés ✋
Séance 4	Ma famille, mes amis ✋	Ma famille, mes amis ✋	Ma famille, mes amis ✋	Les différents types d'amour ✋
Séance 5	Autorisé, interdit : pourquoi ? 💬	Autorisé, interdit : pourquoi ? 💬	Autorisé, interdit : pourquoi ? 💬	Autorisé, interdit : pourquoi ? 💬
Séance 6	Les animaux et moi 🖥️	Les animaux et moi 🖥️	Relaxation 🖥️	Relaxation 🖥️
Séance 7	Savoir dire oui, savoir dire non 💬	Se sentir protégé 💬	Savoir dire oui, savoir dire non 💬	Se sentir protégé 💬
Durée / séance	10 à 15 minutes	10 à 15 minutes	15 à 30 minutes	15 à 30 minutes

Légende :

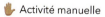 Intelligence émotionnelle | Stéréotypes et représentations |  Connaissances | Affirmation de soi et altérité | Compréhension de la loi

✋ Activité manuelle   💬 Discussion   🎃 Jeu de rôle   🖥️ Média   ✅ Quiz

Les thématiques

Nous avons classé les séances en cinq grandes thématiques :

– Intelligence émotionnelle

Théorisée dans les années 1990 par des psychologues, **l'intelligence émotionnelle regroupe les capacités de compréhension et de maîtrise des émotions**. Plus concrètement :

- la conscience de soi : la capacité d'être conscient de ses propres sentiments et d'utiliser autant que possible son instinct dans la prise de décisions (cela implique d'apprendre à se connaître soi-même et d'avoir confiance en soi),

- la maîtrise de soi : la capacité à savoir gérer ses émotions pour ne pas se laisser submerger par celles-ci,

- la motivation : être conscient de ses envies et de ses ambitions afin d'avoir des objectifs, même dans les moments difficiles (contrariété, déceptions, imprévus, frustrations),

- l'empathie : la capacité à recevoir et comprendre les sentiments d'autrui, en se mettant à la place de l'autre,

- l'altérité : les aptitudes et la capacité à entrer en relation avec les autres, à interagir sans véhémence et à utiliser ses aptitudes pour faire passer ses idées en douceur, à régler des situations conflictuelles et à coopérer.

– Stéréotypes et représentations

Pour mieux comprendre son environnement, il est normal de construire des représentations et d'utiliser celles-ci pour régler sa conduite. Il est cependant nécessaire d'en prendre conscience afin d'**éviter les stéréotypes et préjugés à l'origine de comportements violents** (rejet, humiliation, harcèlement, agression).

Parmi ces représentations sociales, catégorisations, stéréotypes et préjugés, celles qui renvoient au genre (fille, garçon) ou aux origines des individus (couleur de peau, accent, religion, etc.) sont parfois présentes dès la toute petite enfance.

– Connaissances

Les enfants se posent de nombreuses questions sur leurs origines (conception, grossesse, naissance). Il est important de leur **apporter des réponses adaptées à leur niveau de développement**. Les informations apportées leur permettent de mieux comprendre leur environnement et leur place au sein de leur famille.

– Affirmation de soi et altérité

Tout au long de leur scolarité, les enfants et les adolescents voient leur corps se transformer, développant de nouvelles compétences tout en perdant certains privilèges, et devant gérer de nouvelles frustrations et affronter de nouvelles situations. L'enjeu de cette thématique est de **favoriser une image positive de soi et des autres**, par une réflexion sur ses normes et ses valeurs, notamment l'intimité (nudité) et la mise en scène de soi et des autres (réseaux sociaux).

– Compréhension de la loi

Afin de vivre ensemble à l'école, en famille ou ailleurs, il faut **savoir ce qui est permis et ce qui ne l'est pas**. Il est également important de comprendre que les règles varient en fonction des lieux, des moments et des personnes. Les règles familiales étant souvent différentes d'un foyer à l'autre, il est nécessaire d'apporter aux enfants un cadre clair et rassurant.

La plupart des séances impliquent l'utilisation de supports. Les images sont déjà incluses dans ce livre, mais vous pouvez également les télécharger si vous souhaitez les imprimer.

Les autres supports (sons, vidéos, etc.) sont tous disponibles sur le site internet **edsens.fr**.

TPS

1

Séance 1

Verbaliser ses ressentis

INTELLIGENCE ÉMOTIONNELLE

⏱ 10 à 15 minutes

✋ Activité manuelle

Objectif

➡ **Repérer et verbaliser ses ressentis**

➡ **Savoir gérer ses émotions**

➡ **Savoir communiquer efficacement**

Pensez-y !

Une rencontre ou une réunion d'information avec les parents permet de préparer le terrain de vos séances, ce qui sera bénéfique à la fois pour les enfants, pour leurs parents, et pour vous.

Supports à prévoir

- Réunissez 5 à 10 objets dont les textures sont différentes.
  Par exemple : une peluche douce, une éponge humide, un morceau de paillasson, une bouteille d'eau qui sort du réfrigérateur, une bouillotte en graines de lin légèrement réchauffée, une pomme, etc.

- Imprimer sur des feuilles volantes les 3 visages « émotion » : agréable, neutre, désagréable.

Déroulé

1. Les enfants sont assis, placés en cercle autour des objets déposés au centre.

2. À tour de rôle, chaque enfant se lève, va au centre du cercle pour ramasser un objet de son choix ou désigné par l'adulte.

3. L'enfant tenant l'objet montre l'un des trois visages « émotion » en fonction de ce qu'il ressent : « agréable », « désagréable », ou « ne sais pas ».

Pour aider, questionnez

Est-ce que c'est chaud ou froid ? Doux ou dur ?

Est-ce que ça sent bon ou mauvais ?

Est-ce que c'est agréable ou désagréable ?

4. Dans un second temps, les enfants sont invités à dire quelles matières de leur quotidien ils prennent du plaisir à toucher.

Exemples de réponses attendues :

- *Le doudou*

- *La couverture*

À prendre en considération

- Le toucher est le premier sens à se développer chez le nourrisson.

- Il n'y a pas de bonne ni de mauvaise réponse.

- De nombreux enfants répondent par mimétisme, en fonction des réponses données par les enfants qui les ont précédés, ce qui est normal.

- Certains enfants ont beaucoup de difficulté à ressentir et à poser des mots sur leurs ressentis. Vous pouvez proposer sans insister, mais **gardez en tête qu'en proposant des réponses, les enfants seront tentés de répondre par l'affirmative pour vous faire plaisir plutôt qu'en cherchant leurs véritables ressentis.**

- Certains enfants se protègent de maltraitances vécues en réprimant leurs ressentis. Soyez à l'écoute et sollicitez des professionnels de la santé si nécessaire. En cas de suspicion de maltraitance, n'hésitez jamais à effectuer une information préoccupante, même si vous n'avez pas l'aval de votre hiérarchie.

Variantes

- Cette séance peut avoir lieu en extérieur, en invitant les enfants à toucher les matières présentes autour d'eux (tronc, herbe, mousse, goudron, etc.) et à verbaliser leurs ressentis. D'autres sens seront alors sollicités comme la vue (éblouissement par la lumière, obscurité…) ou l'odorat (les parfums de l'herbe, des fleurs…)

TPS

2

Séance 2

Similarités et différences

STÉRÉOTYPES ET REPRÉSENTATIONS

 10 à 15 minutes

 Discussion

Objectif

➡ **Prendre conscience de sa propre identité**

➡ **Savoir communiquer efficacement**

➡ **Avoir de l'empathie pour les autres**

➡ **Prévenir les stéréotypes de genre**

Pensez-y !

Une rencontre ou une réunion d'information avec les parents peut permettre de les alerter – sans les culpabiliser – sur l'impact négatif que peuvent avoir certains de leurs automatismes sur le développement de leur enfant (commentaires et réactions du type « ça, c'est pour les filles », « les garçons ne font pas ça »…).

Supports à prévoir

- Imprimez une feuille pour chacun des deux personnages : fille et garçon.

Déroulé

1. Présentez les feuilles sur lesquelles sont imprimés les dessins des deux enfants, et demandez aux enfants de désigner lequel leur ressemble le plus.

2. Désignez à tour de rôle des enfants pour leur demander pourquoi ils pensent que l'un ou l'autre des personnages leur ressemble.

> Exemples de réponses attendues :
> - *C'est une fille.*
> - *C'est un garçon.*

Pour aider, questionnez

C'est une petite fille ou un petit garçon ?

Et toi, tu es une petite fille ou un petit garçon ?

3. Les enfants sont ensuite invités à faire un lien entre leurs personnages et les camarades de la classe.

Pour aider, questionnez

Est-ce que [prénom] est une petite fille ou un petit garçon ?

À prendre en considération

- L'objectif de cette séance est de prévenir les stéréotypes de genre (et les moqueries qui peuvent en découler), tout en informant sur l'identité d'un enfant.

Variantes

- Demandez aux enfants de se regrouper par genre : les petites filles vont d'un côté de la pièce, et les petits garçons de l'autre.

TPS

3

Séance 3

Mon corps

CONNAISSANCES

⏱ 10 à 15 minutes

✋ Activité manuelle

Objectif

➡ **Avoir une meilleure connaissance de l'anatomie humaine**

➡ **Savoir poser des questions sur l'intimité**

➡ **Avoir conscience de soi**

Pensez-y !

Une rencontre ou une réunion d'information avec les parents peut prévenir la surprise et le malaise – voire la colère – de certains parents lorsqu'un enfant utilise certains mots appris à l'école pour désigner les zones génitales.

Supports à prévoir

- Imprimez sur un papier épais et découpez les différentes pièces de chacun des deux puzzles « corps humain » proposés dans cet ouvrage. Vous pouvez coller les pièces sur du carton plume pour les épaissir et faciliter leur prise en main.

Déroulé

1. En groupe-classe avec deux puzzles (un de chaque genre) ou en petits groupes (un des deux puzzles), les enfants sont invités à reconstituer le puzzle du corps humain.

2. Les enfants sont ensuite invités à nommer chaque partie du corps en les désignant.

> Exemples de réponses attendues :
> - *Le bras.*
> - *La tête.*
> - *Le pénis, la vulve.*

Pour aider, questionnez

Où se trouve la tête du petit garçon ?

Quelle est la couleur de ses cheveux ?

Quelle est la couleur des yeux de la petite fille ?

3. Les enfants sont ensuite invités à faire le lien entre les pièces du puzzle et leur propre corps. L'adulte désigne une pièce du puzzle, et les enfants doivent montrer la partie de leur corps correspondant.

4. Enfin, les enfants sont invités à repérer les différences et les similarités entre eux, sur proposition de l'adulte.

Pour aider, questionnez

Parmi vous, qui a les cheveux longs ?

Parmi vous, qui a les yeux verts ?

Parmi vous, qui a deux jambes ?

À prendre en considération

- Nommer les parties génitales est souvent difficile pour les adultes. Il est conseillé de nommer ces parties-là du corps comme vous le faites pour les autres parties du corps, sans insister particulièrement ni transmettre aux enfants votre éventuelle gêne. Vous pouvez accepter les mots proposés par les enfants (« zizi », « zézette », etc.) puis **leur proposer d'autres mots, afin qu'ils les connaissent** : « sexe » pour les deux enfants, « pénis » pour les garçons, « vulve » pour les filles (et non « vagin », qui correspond à la partie interne et donc non visible à l'extérieur du corps).

- Dans l'excitation, certains enfants peuvent être tentés de montrer leurs parties génitales à tout le groupe. Rappelez avec bienveillance le cadre, et les gestes autorisés et interdits à l'école.

- Il est important que les enfants comprennent que, s'il y a des différences entre les individus (longueur des cheveux, couleur des yeux, certains handicaps physiques, etc.), il n'y a en revanche qu'une seule chose qui distingue les filles des garçons : l'appareil génital.

- Si certains enfants présentent une différence unique et notable (couleur de peau, handicap…), vous pouvez profiter de cette activité pour travailler sur cette différence, afin de prévenir toute forme de stigmatisation, dans le cas par exemple où cette différence ferait déjà l'objet de commentaires ou de rejet entre enfants.

- Si vous ressentez une gêne des enfants lorsque vous abordez certaines parties du corps, surtout les zones génitales (mais pas uniquement), restez en alerte afin de comprendre le sens de ce malaise, et sollicitez des professionnels de la santé si nécessaire. En cas de suspicion de maltraitance, n'hésitez jamais à effectuer une information préoccupante, même si vous n'avez pas l'aval de votre hiérarchie.

- Terminez la séance en soulignant les similarités entre les enfants.

Variantes

- Il est possible de proposer cette séance en groupe-classe, en imprimant des pièces géantes (par exemple chacune sur un papier au format A3) et en reconstituant le puzzle directement au sol.

- À la quatrième étape (différences et similarités entre les enfants), vous pouvez demander aux enfants de se réunir par groupe, comme dans la séance 2 : « tous les enfants qui ont les yeux marron se mettent de ce côté là de la classe ». Ce type de variante est conseillé comme étape préliminaire pour travailler l'empathie.

TPS

4

Séance 4

Ma famille, mes amis

AFFIRMATION DE SOI ET ALTÉRITÉ

 10 à 15 minutes

 Activité manuelle

Objectif

➡ **Avoir conscience de soi**

➡ **Comprendre sa place dans la société**

➡ **Avoir une pensée créative**

➡ **Avoir une pensée critique**

Pensez-y !

Une rencontre ou une réunion d'information avec les parents permet de les rassurer sur leur mission éducative. Il est important qu'ils comprennent par exemple que l'adulte doit répondre de façon équilibrée à la demande d'affection de l'enfant, sans renverser les rôles (l'enfant n'est pas là pour répondre aux besoins affectifs de l'adulte).

Supports à prévoir

- Imprimez en plusieurs exemplaires les bâtiments (maisons, immeubles), les personnages et les animaux.

- Si vous le souhaitez, des gommettes.

Déroulé

1. Placez sur des tables tous les éléments, personnages et animaux.

2. Invitez-les à créer une image de leur foyer, en choisissant la forme du bâtiment (maison ou immeuble) puis les personnes et animaux qui le composent.

3. Chaque enfant est ensuite invité à présenter les membres de son foyer (si possible, en donnant les prénoms).

Exemples de réponses attendues :

- *C'est mon appartement. C'est papa, maman, papy…*

- *C'est ma sœur, mon frère…*

- *C'est mon chien.*

Pour aider, questionnez

Tu habites dans une maison ou un appartement ?

Est-ce que tu connais le prénom de ton papy ?

Est-ce que ton doudou est un membre de ta famille ? Il est très important pour toi, mais je ne crois pas que ce soit un membre de ta famille.

Tu as mis un éléphant dans ta maison, mais tu n'as pas vraiment un éléphant ? Je veux voir les personnes et les animaux qui vivent vraiment chez toi, pas ceux que tu aimerais avoir.

À prendre en considération

- L'objectif est d'avoir un aperçu aussi réaliste que possible de leur foyer. Il est cependant habituel que les enfants de cet âge aient des difficultés à repérer les âges et les places des membres du foyer.

- Il est également possible que les enfants de cet âge ne sachent pas dans quel type de bâtiment ils vivent ni avec qui ils vivent. N'insistez pas et laissez-les créer le foyer dont ils ont envie (avec ou sans éléphant !).

- Si la situation se présente, vous pouvez demander aux enfants de différencier les membres de la famille des autres membres du foyer. Il est là encore habituel qu'ils aient des difficultés à savoir qui fait partie de la famille et qui n'en fait pas partie (nounou, amis proches des parents, etc.).

- Prenez en compte les enfants vivant avec un seul parent, vivant en foyer ou placés en famille d'accueil, et les enfants vivant en garde alternée. Si le temps le permet, il est conseillé de créer chaque foyer où l'enfant vit.

- Si un membre de la famille est à l'étranger, hospitalisé ou emprisonné, vous pouvez prévoir une seconde feuille représentant ce pays ou ce bâtiment, afin de concrétiser la place de ce membre temporairement éloigné du foyer.

- Les enfants de la classe vivant au sein d'un même foyer peuvent, s'ils le souhaitent, travailler ensemble.

- Ne minimisez pas la place des animaux domestiques.

- Il n'est pas forcément utile à cet âge de faire preuve d'une discrétion particulière (informations partagées avec l'ensemble de la classe), mais si vous pensez que certaines informations sont sensibles (séparation, décès, placement…), il vous revient d'accompagner avec bienveillance les enfants chez qui cette activité pourrait réveiller des ressentis douloureux.

Variantes

- Vous pouvez proposer aux enfants de dessiner leur foyer et chacun des membres de leur foyer.

- Vous pouvez utiliser des gommettes pour représenter les personnages, en donnant des indications : les papas et les mamans sont des gommettes rouges, les enfants des gommettes vertes, etc.

TPS

5

Séance 5

Autorisé, interdit : pourquoi ?

COMPRÉHENSION DE LA LOI

 10 à 15 minutes

 Discussion

Objectif

➡ **Connaître les principales règles applicables en fonction des espaces, des moments et des âges**

➡ **Avoir une pensée critique**

➡ **Être capable de gérer sa frustration**

➡ **Savoir communiquer efficacement**

➡ **Être capable de demander de l'aide**

Pensez-y !

Une rencontre ou une réunion d'information avec les parents permet d'informer les parents sur les différentes règles qui s'appliquent à l'école. C'est également l'occasion d'être informé des règles qui s'appliquent au domicile de l'enfant (heure du coucher, utilisation des écrans, etc.), qui peuvent avoir un impact sur la santé et le développement des enfants auprès desquels vous intervenez.

Supports à prévoir

- Une liste des règles qui s'appliquent à l'école, rédigée par vos soins.
  Exemple d'interdits : taper, sortir de l'école, faire un câlin à quelqu'un qui n'en a pas envie, déchirer un livre, dessiner sur les murs, cracher, tirer les cheveux, se déshabiller devant tout le monde, manger la colle, déchirer les vêtements, etc.

Déroulé

1. Demandez aux enfants de vous citer des choses qu'il est autorisé de faire, et ce qu'il est interdit de faire dans la classe.

2. Demandez aux enfants d'expliquer pourquoi c'est interdit.

Exemples de réponses attendues :

- *Taper les autres.*

- *Voler les jouets.*

- *Tirer les cheveux.*

Pour aider, questionnez

Est-ce qu'il y a des choses que vous n'avez pas le droit de faire dans la classe ? Pourquoi ?

3. Demandez aux enfants de vous citer des choses qu'il est autorisé de faire, et ce qu'il est interdit de faire dans la cour de l'école.

Pour aider, questionnez

Est-ce qu'il y a des choses que vous n'avez pas le droit de faire dans la classe, mais que vous avez le droit de faire dans la cour ? Pourquoi ?

À prendre en considération

- N'hésitez jamais à énoncer une règle parce qu'elle vous semblerait trop évidente.

- Les enfants de cet âge peuvent avoir des difficultés à expliquer le sens des interdits. Adaptez votre discours à leur capacité de compréhension.

- Vous pouvez proposer des exemples déconcertants : « est-ce que vous avez le droit de venir tous nus à l'école ? De faire pipi dans la classe ? »

- Il est primordial de citer les actions autorisées. Si possible, la liste des choses autorisées devrait être un peu plus longue que celle des choses interdites, afin que les enfants réalisent qu'il y a beaucoup plus d'actions autorisées que d'actions interdites, à l'école comme ailleurs.

- Certaines règles peuvent faire l'objet d'un débat, et vous-même pouvez être en difficulté pour savoir si telle ou telle situation est acceptable ou ne l'est pas, en fonction de la situation (la saison, l'heure, les personnes présentes, etc.).

Variantes

- Avec un groupe dissipé, vous pouvez citer des règles à l'oral, l'une après l'autre, en demandant aux enfants de dire si l'action est autorisée ou interdite.

TPS

6

Séance 6

Les animaux et moi

CONNAISSANCES

 10 à 15 minutes

 Média

Objectif

➡ **Avoir conscience de soi**

➡ **Comprendre sa place dans le monde du vivant**

➡ **Savoir communiquer efficacement**

➡ **Avoir une pensée créative**

Supports à prévoir

- Imprimez les personnages et les animaux.

- Prévoyez un système audio (téléphone portable, ordinateur...) pour diffuser les fichiers audio téléchargeables sur edsens.fr.

Déroulé

1. Présentez aux enfants les dessins d'animaux et demandez-leur de vous donner le nom de chacun d'eux.

   Exemples de réponses attendues :

   - *Un chien.*
   - *Un éléphant.*

   Pour aider, questionnez

   Quel est l'animal qui aboie ?

   Quel est le nom de cet animal qui a une longue trompe ?

2. Diffusez le premier son et demandez aux enfants de quel animal il s'agit.

3. Demandez aux enfants de reproduire le son de l'animal.

À prendre en considération

- Il est utile, en donnant le nom d'un animal, de mimer la taille et la forme de cet animal, afin que les enfants puissent imaginer et différencier les tailles des animaux décrits.

- Cette séance peut être l'occasion d'apprendre ou de rappeler aux enfants des règles de sécurité, comme le fait de ne pas s'approcher ni caresser un animal sans avoir reçu auparavant l'autorisation d'un adulte.

Variantes

- Il est possible de démarrer l'activité en faisant directement deviner les sons des animaux.

TPS

7

Séance 7

Savoir dire oui, savoir dire non

AFFIRMATION DE SOI ET ALTÉRITÉ

 10 à 15 minutes

 Discussion

Objectif

➡ **Savoir prendre des décisions**

➡ **Savoir communiquer efficacement**

➡ **Être habile dans ses relations**

➡ **Savoir gérer des conflits**

➡ **Avoir de l'empathie pour les autres**

Pensez-y !

Une rencontre ou une réunion d'information avec les parents permet de les préparer aux réactions que leur enfant pourrait avoir à la suite de cette séance, comme la possibilité qu'un enfant rejette un parent souhaitant lui faire un câlin.

Supports à prévoir

- Imprimez les deux affiches proposées.

Déroulé

1. Présentez aux enfants les deux affiches disposées sur le mur de la classe, et demandez-leur d'imaginer à quoi elles peuvent servir. Expliquez-leur que ces dessins peuvent les aider à dire ce qu'ils ressentent lorsqu'ils ne trouvent pas les mots. Questionnez les enfants sur ce qu'ils comprennent en désignant à chaque fois le visuel correspondant.

Exemples de réponses attendues :

- *Bien. Content. Heureux*

- *Pas bien. Triste. Malheureux.*

Pour aider, questionnez

Si je ne vais pas bien, je peux montrer quel dessin ?

2. Demandez à différents enfants, à tour de rôle, de vous montrer l'un des deux dessins, en fonction d'une situation proposée.

Pour aider, questionnez

Imagine que je te vole ton doudou, tu me montres quel dessin ?

Si quelqu'un te tape, tu vas montrer quel dessin ?

Et si tu es d'accord pour jouer, tu montres quel dessin ?

3. Expliquez aux enfants qu'ils peuvent montrer le dessin s'ils ont besoin d'aide et qu'ils n'arrivent pas à le dire (avec des mots).

4. Demandez aux enfants de citer les personnes qui peuvent les aider s'ils ont un problème, une question, si quelque chose ne va pas.

Exemples de réponses attendues :

- *Papa, maman.*

- *La maîtresse, le maître, les policiers…*

À prendre en considération

- La plupart des enfants n'auront pas besoin de cette affiche en temps normal. C'est une « roue de secours » permettant aux enfants qui n'auraient pas le vocabulaire nécessaire de vous alerter sur le fait que quelque chose ne va pas, qu'ils ont besoin d'aide.

- Cette séance est l'occasion de rappeler aux enfants que vous pouvez leur apporter de l'aide si quelque chose ne va pas, par exemple à la maison, si on leur fait du mal ou qu'ils ont peur de quelqu'un.

- Soyez à l'écoute et sollicitez des professionnels de la santé si nécessaire. En cas de suspicion de maltraitance, n'hésitez jamais à effectuer une information préoccupante, même si vous n'avez pas l'aval de votre hiérarchie.

Variantes

- Vous pouvez utiliser les affiches comme rituel d'accueil le matin, pour questionner les enfants sur leur état émotionnel.

Notes

PS

1

Séance 1

Verbaliser ses ressentis

INTELLIGENCE ÉMOTIONNELLE

 10 à 15 minutes

 Activité manuelle

Objectif

➡ **Repérer et verbaliser ses ressentis**

➡ **Savoir gérer ses émotions**

➡ **Savoir communiquer efficacement**

Pensez-y !

Une rencontre ou une réunion d'information avec les parents permet de préparer le terrain de vos séances, ce qui sera bénéfique à la fois pour les enfants, pour leurs parents, et pour vous.

Supports à prévoir

- Réunissez 5 à 10 objets dont les textures sont différentes.
  Par exemple : une peluche douce, une éponge humide, un morceau de paillasson, une bouteille d'eau qui sort du réfrigérateur, une bouillotte en graines de lin légèrement réchauffée, une pomme, etc.

- Imprimer sur des feuilles volantes les 3 visages « émotion » : agréable, neutre, désagréable.

Déroulé

1. Les enfants sont assis, placés en cercle autour des objets déposés au centre.

2. À tour de rôle, chaque enfant se lève, va au centre du cercle pour ramasser un objet de son choix ou désigné par l'adulte.

3. L'enfant tenant l'objet montre l'un des trois visages « émotion » en fonction de ce qu'il ressent : « agréable », « désagréable », ou « ne sais pas ».

4. Invitez l'enfant à décrire ce qu'il ressent avec plus de précision (ça gratte, ça pique, c'est doux, etc.)

Pour aider, questionnez

Est-ce que c'est chaud ou froid ? Doux ou dur ? Sec ou humide ?

Est-ce que ça sent bon ou mauvais ?

Est-ce que c'est agréable ou désagréable ?

5. Dans un second temps, les enfants sont invités à dire quelles matières de leur quotidien ils prennent du plaisir à toucher.

Exemples de réponses attendues :

- *Le doudou*
- *La couverture*

À prendre en considération

- Le toucher est le premier sens à se développer chez le nourrisson.

- Il n'y a pas de bonne ni de mauvaise réponse.

- De nombreux enfants répondent par mimétisme, en fonction des réponses données par les enfants qui les ont précédés, ce qui est normal.

- Certains enfants ont beaucoup de difficulté à ressentir et à poser des mots sur leurs ressentis. Vous pouvez proposer sans insister, mais **gardez en tête qu'en proposant des réponses, les enfants seront tentés de répondre par l'affirmative pour vous faire plaisir plutôt qu'en cherchant leurs véritables ressentis.**

- Certains enfants se protègent de maltraitances vécues en réprimant leurs ressentis. Soyez à l'écoute et sollicitez des professionnels de la santé si nécessaire. En cas de suspicion de maltraitance, n'hésitez jamais à effectuer une information préoccupante, même si vous n'avez pas l'aval de votre hiérarchie.

Variantes

- Cette séance peut avoir lieu en extérieur, en invitant les enfants à toucher les matières présentes autour d'eux (tronc, herbe, mousse, goudron, etc.) et à verbaliser leurs ressentis. D'autres sens seront alors sollicités comme la vue (éblouissement par la lumière, obscurité…) ou l'odorat (les parfums de l'herbe, des fleurs…).

Séance 2

Similarités et différences

STÉRÉOTYPES ET REPRÉSENTATIONS

 10 à 15 minutes

 Discussion

Objectif

➡ **Prendre conscience de sa propre identité**

➡ **Savoir communiquer efficacement**

➡ **Avoir de l'empathie pour les autres**

➡ **Prévenir les stéréotypes de genre**

Pensez-y !

Une rencontre ou une réunion d'information avec les parents peut permettre de les alerter – sans les culpabiliser – sur l'impact négatif que peuvent avoir certains de leurs automatismes sur le développement de leur enfant (commentaires et réactions du type « ça, c'est pour les filles », « les garçons ne font pas ça »…).

Supports à prévoir

- Imprimez une feuille pour chacun des dix personnages : fille et garçon.

Déroulé

1. Présentez les feuilles sur lesquelles sont imprimés les dessins des deux enfants, et demandez aux enfants de désigner lequel leur ressemble le plus.

2. Désignez à tour de rôle des enfants pour leur demander pourquoi ils pensent que l'un ou l'autre des personnages leur ressemble.

> Exemples de réponses attendues :
> - *C'est une fille.*
> - *C'est un garçon.*

Pour aider, questionnez

C'est une petite fille ou un petit garçon ?

Et toi, tu es une petite fille ou un petit garçon ?

3. Les enfants sont ensuite invités à faire un lien entre leurs personnages et les camarades de la classe.

Pour aider, questionnez

Est-ce que [prénom] est une petite fille ou un petit garçon ?

4. Les enfants sont ensuite invités à faire un lien entre les caractéristiques physiques des personnages et les enfants de la classe : couleur et longueur des cheveux, couleur des yeux, etc.

Pour aider, questionnez

Quelle est la couleur des cheveux de cet enfant ?

Parmi vous, qui a des cheveux de la même couleur ?

À prendre en considération

- L'objectif de cette séance est de prévenir les stéréotypes de genre (et les moqueries qui peuvent en découler), tout en informant sur l'identité d'un enfant.

- Il sera pertinent de différencier les couleurs de peau entre chacun (deux enfants considérés habituellement comme « ayant la peau blanche » n'ont pas la peau de la même couleur). Là encore, l'enjeu sera bien entendu d'éviter toute forme de stigmatisation.

Variantes

- Demandez aux enfants de se regrouper par genre : les petites filles vont d'un côté de la pièce, et les petits garçons de l'autre.

PS

Séance 3

Les parties du corps, les bébés

CONNAISSANCES

 10 à 15 minutes

 Activité manuelle

Objectif

➡ **Avoir une meilleure connaissance de l'anatomie humaine**

➡ **Savoir poser des questions sur l'intimité**

➡ **Avoir conscience de soi**

Pensez-y !

Une rencontre ou une réunion d'information avec les parents peut prévenir la surprise et le malaise – voire la colère – de certains parents lorsqu'un enfant utilise certains mots appris à l'école pour désigner les zones génitales.

Supports à prévoir

- Imprimez sur un papier épais et découpez les différentes pièces de chacun des quatre puzzles « corps humain » proposés dans cet ouvrage. Vous pouvez coller les pièces sur du carton plume pour les épaissir et faciliter leur prise en main. La taille des pièces dépendra de la technique d'animation choisie (groupe-classe ou petits groupes).

Déroulé

1. En petits groupes de trois ou quatre, les enfants sont invités à reconstituer l'un des deux puzzles du corps d'un enfant (petit garçon ou petite fille).

2. Les enfants sont ensuite invités à nommer chaque partie du corps en les désignant.

Exemples de réponses attendues :

- *Le bras.*

- *La tête.*

- *Le pénis, la vulve.*

Pour aider, questionnez

Où se trouve la tête du petit garçon ?

Quelle est la couleur de ses cheveux ?

Quelle est la couleur des yeux de la petite fille ?

3. Proposez ensuite aux enfants de vous aider à reconstituer les puzzles des adultes, que vous manipulez (à la verticale en utilisant de la pâte à fixe, ou au sol).

4. Expliquez-leur que l'un des quatre personnages est enceinte, et qu'il faut désigner la bonne personne et l'endroit du corps où se trouve le bébé.

Pour aider, questionnez

D'où viennent les bébés ? Qui est enceinte des bébés ? Le petit garçon ? La petite fille ? Le monsieur ? La dame ?

À prendre en considération

- Nommer les parties génitales est souvent difficile pour les adultes. Il est conseillé de nommer ces parties-là du corps comme vous le faites pour les autres parties du corps, sans insister particulièrement ni transmettre aux enfants votre éventuelle gêne. Vous pouvez accepter les mots proposés par les enfants (« zizi », « zézette », etc.) puis **leur proposer d'autres mots, afin qu'ils les connaissent** : « sexe » pour les deux enfants, « pénis » pour les garçons, « vulve » pour les filles (et non « vagin », qui correspond à la partie interne et donc non visible à l'extérieur du corps).

- Dans l'excitation, certains enfants peuvent être tentés de montrer leurs parties génitales à tout le groupe. Rappelez avec bienveillance le cadre, et les gestes autorisés et interdits à l'école.

- Il est important que les enfants comprennent que, s'il y a des différences entre les individus (longueur des cheveux, couleur des yeux, certains handicaps physiques, etc.), il n'y a en revanche qu'une seule chose qui distingue les filles des garçons : l'appareil génital.

- Si certains enfants présentent une différence unique et notable (couleur de peau, handicap…), vous pouvez profiter de cette activité pour travailler sur cette différence, afin de prévenir toute forme de stigmatisation, dans le cas par exemple où cette différence ferait déjà l'objet de commentaires ou de rejet entre enfants.

- Si vous ressentez une gêne des enfants lorsque vous abordez certaines parties du corps, surtout les zones génitales (mais pas uniquement), restez en alerte afin de comprendre le sens de ce malaise, et sollicitez des professionnels de la santé si nécessaire. En cas de suspicion de maltraitance, n'hésitez jamais à effectuer une information préoccupante, même si vous n'avez pas l'aval de votre hiérarchie.

- Proposez des synonymes pour désigner les adultes : femme, dame, maman, hommes, papa, monsieur. Si vous le souhaitez, vous pouvez parler du fait qu'il faut *habituellement* une femme et un homme pour faire un bébé (les procédés techniques permettent aujourd'hui des alternatives). Vous pouvez préciser que pour élever un enfant, on peut être un homme seul, une femme seule, deux femmes ou deux hommes. Si vous n'êtes pas à l'aise avec ce sujet, vous pouvez l'occulter (il est préférable de ne pas transmettre une information que vous maîtriser mal plutôt que de transmettre de la gêne).

Variantes

- Il est possible de proposer la première étape en groupe-classe, en imprimant des pièces géantes (par exemple chacune sur un papier au format A3) et en reconstituant le puzzle directement au sol.

Séance 4

Ma famille, mes amis

AFFIRMATION DE SOI ET ALTÉRITÉ

 10 à 15 minutes

 Activité manuelle

Objectif

➡ **Avoir conscience de soi**

➡ **Comprendre sa place dans la société**

➡ **Avoir une pensée créative**

➡ **Avoir une pensée critique**

Pensez-y !

Une rencontre ou une réunion d'information avec les parents permet de les rassurer sur leur mission éducative. Il est important qu'ils comprennent par exemple que l'adulte doit répondre de façon équilibrée à la demande d'affection de l'enfant, sans renverser les rôles (l'enfant n'est pas là pour répondre aux besoins affectifs de l'adulte).

Supports à prévoir

- Imprimez en plusieurs exemplaires les bâtiments (maisons, immeubles), les personnages et les animaux.

- Si vous le souhaitez, des gommettes.

Déroulé

1. Placez sur des tables tous les éléments, personnages et animaux.

2. Invitez-les à créer une image de leur foyer, en choisissant la forme du bâtiment (maison ou immeuble) puis les personnes et animaux qui le composent.

3. Chaque enfant est ensuite invité à présenter les membres de son foyer (si possible, en donnant les prénoms).

> Exemples de réponses attendues :
>
> - *C'est mon appartement. C'est papa, maman, papy…*
>
> - *C'est ma sœur, mon frère…*
>
> - *C'est mon chien.*

Pour aider, questionnez

Tu habites dans une maison ou un appartement ?

Est-ce que tu connais le prénom de ton papy ?

Est-ce que ton doudou est un membre de ta famille ? Il est très important pour toi, mais je ne crois pas que ce soit un membre de ta famille.

Tu as mis un éléphant dans ta maison, mais tu n'as pas vraiment un éléphant ? Je veux voir les personnes et les animaux qui vivent vraiment chez toi, pas ceux que tu aimerais avoir.

4. Dans un second temps, invitez les enfants à différencier les humains et les animaux en mettant les animaux domestiques sur le côté.

5. Enfin, ils sont invités à distinguer les membres du foyer par âge en séparant les adultes des adolescents puis des enfants.

> Exemples de réponses attendues :
>
> - *Les adultes c'est papa et maman*
>
> - *C'est moi l'enfant*

À prendre en considération

- L'objectif est d'avoir un aperçu aussi réaliste que possible de leur foyer. Il est cependant habituel que les enfants de cet âge aient des difficultés à repérer les âges et les places des membres du foyer.

- Il est également possible que les enfants de cet âge ne sachent pas dans quel type de bâtiment ils vivent ni avec qui ils vivent. N'insistez pas et laissez-les créer le foyer dont ils ont envie (avec ou sans éléphant !).

- Si la situation se présente, vous pouvez demander aux enfants de différencier les membres de la famille des autres membres du foyer. Il est là encore habituel qu'ils aient des difficultés à savoir qui fait partie de la famille et qui n'en fait pas partie (nounou, amis proches des parents, etc.).

- Prenez en compte les enfants vivant avec un seul parent, vivant en foyer ou placés en famille d'accueil, et les enfants vivant en garde alternée. Si le temps le permet, il est conseillé de créer chaque foyer où l'enfant vit.

- Si un membre de la famille est à l'étranger, hospitalisé ou emprisonné, vous pouvez prévoir une seconde feuille représentant ce pays ou ce bâtiment, afin de concrétiser la place de ce membre temporairement éloigné du foyer.

- Les enfants de la classe vivant au sein d'un même foyer peuvent, s'ils le souhaitent, travailler ensemble.

- Ne minimisez pas la place des animaux domestiques.

- Il n'est pas forcément utile à cet âge de faire preuve d'une discrétion particulière (informations partagées avec l'ensemble de la classe), mais si vous pensez que certaines informations sont sensibles (séparation, décès, placement…), il vous revient d'accompagner avec bienveillance les enfants chez qui cette activité pourrait réveiller des ressentis douloureux.

Variantes

- Vous pouvez proposer aux enfants de dessiner leur foyer et chacun des membres de leur foyer.

- Vous pouvez utiliser des gommettes pour représenter les personnages, en donnant des indications : les papas et les mamans sont des gommettes rouges, les enfants des gommettes vertes, etc.

PS

5

Séance 5

Autorisé, interdit : pourquoi ?

COMPRÉHENSION DE LA LOI

 10 à 15 minutes

 Discussion

Objectif

➡ Connaître les principales règles applicables en fonction des espaces, des moments et des âges

➡ Avoir une pensée critique

➡ Être capable de gérer sa frustration

➡ Savoir communiquer efficacement

➡ Être capable de demander de l'aide

Pensez-y !

Une rencontre ou une réunion d'information avec les parents permet d'informer les parents sur les différentes règles qui s'appliquent à l'école. C'est également l'occasion d'être informé des règles qui s'appliquent au domicile de l'enfant (heure du coucher, utilisation des écrans, etc.), qui peuvent avoir un impact sur la santé et le développement des enfants auprès desquels vous intervenez.

Supports à prévoir

- Une liste des règles qui s'appliquent à l'école et ailleurs, rédigée par vos soins.
  Exemple d'interdits : taper, sortir de l'école, faire un câlin à quelqu'un qui n'en a pas envie, déchirer un livre, dessiner sur les murs, cracher, tirer les cheveux, se déshabiller devant tout le monde, manger la colle, déchirer les vêtements, etc.

Déroulé

1. Demandez aux enfants de vous citer des choses qu'il est autorisé de faire, et ce qu'il est interdit de faire à l'école.

2. Demandez aux enfants d'expliquer pourquoi c'est interdit.

   ### Exemples de réponses attendues :

   - *Taper les autres.*
   - *Voler les jouets.*
   - *Tirer les cheveux.*

   Pour aider, questionnez

   Est-ce qu'il y a autre chose que vous n'avez pas le droit de faire ici ?

   Est-ce qu'il y a des choses que vous n'avez pas le droit de faire dans la classe, mais que vous avez le droit de faire dans la cour ? Pourquoi ?

   Est-ce qu'il y a des choses que vous n'avez pas le droit de faire à l'école, mais que les adultes ont le droit de faire ? Pourquoi ?

3. Demandez aux enfants de vous citer des choses qu'il est interdit de faire à la maison, et d'expliquer pourquoi c'est interdit, et pour qui ces règles s'appliquent.

   ### Exemples de réponses attendues :

   - *Jouer avec le téléphone de ...*
   - *Mettre de l'eau par terre dans la salle de bain*
   - *Réveiller les autres le matin*

À prendre en considération

- N'hésitez jamais à énoncer une règle parce qu'elle vous semblerait trop évidente.

- Les enfants de cet âge peuvent avoir des difficultés à expliquer le sens des interdits. Adaptez votre discours à leur capacité de compréhension.

- Vous pouvez proposer des exemples déconcertants : « est-ce que vous avez le droit de venir tous nus à l'école ? De faire pipi dans la classe ? »

- La partie de l'intervention sur les règles applicables au domicile des enfants est la plus délicate. C'est lors de ces échanges que les enfants pourront faire des révélations susceptibles de vous déstabiliser. Si un propos vous surprend ou vous choque, ne vous forcez pas à réagir immédiatement, devant toute la classe, si vous ne vous en sentez pas capable. Chaque propos évoquant une situation potentiellement problématique devra faire l'objet d'une information préoccupante. N'hésitez jamais à demander de l'aide à un autre professionnel (collègue, hiérarchie, professionnel de la santé, structure spécialisée, etc.).

- Il est primordial de citer les actions autorisées. Si possible, la liste des choses autorisées devrait être un peu plus longue que celle des choses interdites, afin que les enfants réalisent qu'il y a beaucoup plus d'actions autorisées que d'actions interdites, à l'école comme ailleurs.

- Certaines règles peuvent faire l'objet d'un débat, et vous-même pouvez être en difficulté pour savoir si telle ou telle situation est acceptable ou ne l'est pas, en fonction de la situation.

Variantes

- Avec un groupe dissipé, vous pouvez citer des règles à l'oral, l'une après l'autre, en demandant aux enfants de dire si l'action est autorisée ou interdite.

Séance 6

Les animaux et moi

CONNAISSANCES

 10 à 15 minutes

 Média

Objectif

➡ **Avoir conscience de soi**

➡ **Comprendre sa place dans le monde du vivant**

➡ **Savoir communiquer efficacement**

➡ **Avoir une pensée créative**

Supports à prévoir

- Imprimez les personnages et les animaux.

- Prévoyez un système audio (téléphone portable, ordinateur...) pour diffuser les fichiers audio téléchargeables sur edsens.fr.

Déroulé

1. Présentez aux enfants les dessins d'animaux et demandez-leur de vous donner le nom de chacun d'eux.

Exemples de réponses attendues :

- *Un chien.*
- *Un éléphant.*

Pour aider, questionnez

Quel est l'animal qui aboie ?

Quel est le nom de cet animal qui a une longue trompe ?

2. Diffusez le premier son et demandez aux enfants de quel animal il s'agit.

3. Demandez aux enfants de reproduire le son de l'animal.

4. Demandez à un enfant d'imiter la démarche et le son de cet animal.

5. Si les enfants parviennent à bien imiter les animaux, demandez-leur de choisir un animal et de le faire deviner aux autres à tour de rôle.

À prendre en considération

- Il est utile, en donnant le nom d'un animal, de mimer la taille et la forme de cet animal, afin que les enfants puissent imaginer et différencier les tailles des animaux décrits.

- Il est possible d'ajouter une touche d'humour en faisant deviner le cri de la fourmi ou du ver de terre par un silence.

- Cette séance peut être l'occasion d'apprendre ou de rappeler aux enfants des règles de sécurité, comme le fait de ne pas s'approcher ni caresser un animal sans avoir reçu auparavant l'autorisation d'un adulte.

Variantes

- Il est possible de démarrer l'activité en faisant directement deviner les sons des animaux.

- Si les enfants ont déjà travaillé sur les animaux, il est possible de démarrer l'activité directement avec les imitations. Chaque enfant pioche une illustration au hasard et mime l'animal (démarche et son).

Séance 7

Se sentir protégé

AFFIRMATION DE SOI ET ALTÉRITÉ

 10 à 15 minutes

 Discussion

Objectif

➡ **Savoir prendre des décisions**

➡ **Savoir communiquer efficacement**

➡ **Être habile dans ses relations**

➡ **Avoir conscience de soi**

➡ **Avoir de l'empathie pour les autres**

Pensez-y !

Une rencontre ou une réunion d'information avec les parents permet de les préparer aux réactions que leur enfant pourrait avoir à la suite de cette séance, comme la possibilité qu'un enfant rejette un parent souhaitant lui faire un câlin.

Supports à prévoir

- Imprimez les affiches proposées.

Déroulé

1. Fixez l'affiche sur un mur et réunissez les enfants face à ce nouveau support.

2. Expliquez aux enfants que ces affiches peuvent les aider à dire ce qu'ils ressentent lorsqu'ils ne trouvent pas les mots. Questionnez les enfants sur ce qu'ils comprennent en désignant à chaque fois le visuel correspondant.

Exemples de réponses attendues :

- *Quand on veut faire dodo.*

- *Quand on pleure.*

- *Quand on veut faire pipi.*

Pour aider, questionnez

D'après vous, c'est un dessin pour dire qu'on a sommeil ou qu'on a faim ?

Le visage qui pleure, c'est pour dire qu'on est heureux ou qu'on est triste ?

Comment peut-on dire qu'on envie de faire pipi ?

3. Demandez aux enfants s'ils peuvent rencontrer d'autres problèmes, qui ne seraient pas sur la seconde affiche.

4. Demandez aux enfants de citer les personnes qui peuvent les aider s'ils ont un problème, une question, si quelque chose ne va pas.

Exemples de réponses attendues :

- *Papa, maman.*

- *La maîtresse, le maître, les policiers…*

À prendre en considération

- La plupart des enfants n'auront pas besoin de cette affiche en temps normal. C'est une « roue de secours » permettant aux enfants qui n'auraient pas le vocabulaire nécessaire de vous alerter sur le fait que quelque chose ne va pas, qu'ils ont besoin d'aide.

- Cette séance est l'occasion de rappeler aux enfants que vous pouvez leur apporter de l'aide si quelque chose ne va pas, par exemple à la maison, si on leur fait du mal ou qu'ils ont peur de quelqu'un.

- Il peut être pertinent de solliciter la présence du psychologue scolaire lors de cette séance.

- Soyez à l'écoute et sollicitez des professionnels de la santé si nécessaire. En cas de suspicion de maltraitance, n'hésitez jamais à effectuer une information préoccupante, même si vous n'avez pas l'aval de votre hiérarchie.

Variantes

- Vous pouvez utiliser l'affiche comme rituel d'accueil le matin, pour questionner les enfants sur leur état émotionnel.

Notes

MS

1

Séance 1

Connaître les émotions

INTELLIGENCE ÉMOTIONNELLE

 15 à 30 minutes

 Activité manuelle

Objectif

➡ **Repérer et verbaliser ses ressentis**

➡ **Savoir gérer ses émotions**

➡ **Savoir communiquer efficacement**

Pensez-y !

Une rencontre ou une réunion d'information avec les parents permet de préparer le terrain de vos séances, ce qui sera bénéfique à la fois pour les enfants, pour leurs parents, et pour vous.

Supports à prévoir

- Réunissez 5 à 10 objets dont les textures sont différentes.
  Par exemple : une peluche douce, une éponge humide, un morceau de paillasson, une bouteille d'eau qui sort du réfrigérateur, une bouillotte en graines de lin légèrement réchauffée, une pomme, etc.

- Imprimer sur des feuilles volantes les 3 visages « émotion » : agréable, neutre, désagréable.

Déroulé

1. Les enfants sont assis, placés en cercle autour des objets déposés au centre.

2. À tour de rôle, chaque enfant se lève, va au centre du cercle pour ramasser un objet de son choix ou désigné par l'adulte.

3. L'enfant tenant l'objet montre l'un des trois visages « émotion » en fonction de ce qu'il ressent : « agréable », « désagréable », ou « ne sais pas ».

4. Demandez à l'enfant de vous décrire ce qu'il ressent, et comment ses sensations évoluent.

Exemples de réponses attendues :

- *Au début c'était froid, je n'ai pas aimé, mais maintenant ça va.*
- *C'est bizarre, je ne sais pas si j'aime ou pas.*

Pour aider, questionnez

Est-ce que c'est chaud ou froid ? Doux ou dur ? Sec ou humide ?

Est-ce que ça sent bon ou mauvais ?

Est-ce que c'est agréable ou désagréable ?

5. Les enfants peuvent être invités à faire un second tour, pour voir si les sensations sont les mêmes la seconde fois.

Pour aider, questionnez

Est-ce que c'est plus agréable ou moins agréable que tout à l'heure ?

6. Dans un troisième temps, les enfants sont invités à dire quelles matières de leur quotidien ils prennent du plaisir à toucher.

Exemples de réponses attendues :

- *Le doudou*
- *La couverture*

À prendre en considération

- Le toucher est le premier sens à se développer chez le nourrisson.

- Il n'y a pas de bonne ni de mauvaise réponse.

- De nombreux enfants répondent par mimétisme, en fonction des réponses données par les enfants qui les ont précédés, ce qui est normal.

- Certains enfants ont beaucoup de difficulté à ressentir et à poser des mots sur leurs ressentis. Vous pouvez proposer sans insister, mais **gardez en tête qu'en proposant des réponses, les enfants seront tentés de répondre par l'affirmative pour vous faire plaisir plutôt qu'en cherchant leurs véritables ressentis.**

- Certains enfants se protègent de maltraitances vécues en réprimant leurs ressentis. Soyez à l'écoute et sollicitez des professionnels de la santé si nécessaire. En cas de suspicion de maltraitance, n'hésitez jamais à effectuer une information préoccupante, même si vous n'avez pas l'aval de votre hiérarchie.

Variantes

- Cette séance peut avoir lieu en extérieur, en invitant les enfants à toucher les matières présentes autour d'eux (tronc, herbe, mousse, goudron, etc.) et à verbaliser leurs ressentis. D'autres sens seront alors sollicités comme la vue (éblouissement par la lumière, obscurité…) ou l'odorat (les parfums de l'herbe, des fleurs…)

MS

Séance 2

Similarités et différences

STÉRÉOTYPES ET REPRÉSENTATIONS

 15 à 30 minutes

 Discussion

Objectif

➡ **Prendre conscience de sa propre identité**

➡ **Savoir communiquer efficacement**

➡ **Avoir de l'empathie pour les autres**

➡ **Prévenir les stéréotypes de genre**

Pensez-y !

Une rencontre ou une réunion d'information avec les parents peut permettre de les alerter – sans les culpabiliser – sur l'impact négatif que peuvent avoir certains de leurs automatismes sur le développement de leur enfant (commentaires et réactions du type « ça, c'est pour les filles », « les garçons ne font pas ça »…).

Supports à prévoir

- Imprimez une feuille pour chacun des dix personnages : fille et garçon.

Déroulé

1. Présentez les feuilles sur lesquelles sont imprimés les dessins des deux enfants, et demandez aux enfants de désigner lequel leur ressemble le plus.

2. Désignez à tour de rôle des enfants pour leur demander pourquoi ils pensent que l'un ou l'autre des personnages leur ressemble.

> Exemples de réponses attendues :
>
> - *C'est une fille.*
> - *C'est un garçon.*

Pour aider, questionnez

C'est une petite fille ou un petit garçon ?

Et toi, tu es une petite fille ou un petit garçon ?

3. Les enfants sont ensuite invités à faire un lien entre leurs personnages et les camarades de la classe.

Pour aider, questionnez

Est-ce que [prénom] est une petite fille ou un petit garçon ?

4. Les enfants sont ensuite invités à faire un lien entre les caractéristiques physiques et les vêtements des personnages et les enfants de la classe : couleur et longueur des cheveux, couleur des yeux, couleur du pantalon, longueur de la robe, etc.

Pour aider, questionnez

Quelle est la couleur du pantalon de cet enfant ?

Parmi vous, qui a un vêtement de la même couleur ?

Et qui a un pantalon de la même couleur ?

À prendre en considération

- L'objectif de cette séance est de prévenir les stéréotypes de genre (et les moqueries qui peuvent en découler), tout en informant sur l'identité d'un enfant.

Variantes

- Demandez aux enfants de se regrouper par genre ou par vêtement : les petites filles vont d'un côté de la pièce, et les petits garçons de l'autre.

MS

3

Séance 3

Le corps, la nudité

CONNAISSANCES

 15 à 30 minutes

 Activité manuelle

Objectif

➡ **Avoir une meilleure connaissance de l'anatomie humaine**

➡ **Savoir poser des questions sur l'intimité**

➡ **Avoir conscience de soi**

Pensez-y !

Une rencontre ou une réunion d'information avec les parents peut prévenir la surprise et le malaise – voire la colère – de certains parents lorsqu'un enfant utilise certains mots appris à l'école pour désigner les zones génitales.

Supports à prévoir

- Imprimez sur un papier épais et découpez les différentes pièces de chacun des deux puzzles « corps humain » proposés dans cet ouvrage. Vous pouvez coller les pièces sur du carton plume pour les épaissir et faciliter leur prise en main.

- Imprimez au format A3 ou projetez sur un écran les différents décors.

Déroulé

1. En groupe-classe avec deux puzzles (un de chaque genre) ou en petits groupes (un des deux puzzles), les enfants sont invités à reconstituer le puzzle du corps humain.

2. Les enfants sont ensuite invités à nommer chaque partie du corps en les désignant.

> Exemples de réponses attendues :
> - *Le bras.*
> - *La tête.*
> - *Le pénis, la vulve.*

Pour aider, questionnez

Où se trouve la tête du petit garçon ?

Quelle est la couleur de ses cheveux ?

Quelle est la couleur des yeux de la petite fille ?

3. Les enfants sont ensuite invités à dire dans quel espace on est « habituellement habillé » et « habituellement nu ».

Pour aider, questionnez

D'habitude, est-ce qu'on est tous nus dans la classe ? Et dans la cour de l'école ?

Est-ce qu'on est tout nu dans le salon ? Et dans la salle de bain ? Et aux toilettes ?

À prendre en considération

- Nommer les parties génitales est souvent difficile pour les adultes. Il est conseillé de nommer ces parties-là du corps comme vous le faites pour les autres parties du corps, sans insister particulièrement ni transmettre aux enfants votre éventuelle gêne. Vous pouvez accepter les mots proposés par les enfants (« zizi », « zézette », etc.) puis **leur proposer d'autres mots, afin qu'ils les connaissent** : « sexe » pour les deux enfants, « pénis » pour les garçons, « vulve » pour les filles (et non « vagin », qui correspond à la partie interne et donc non visible à l'extérieur du corps).

- Dans l'excitation, certains enfants peuvent être tentés de montrer leurs parties génitales à tout le groupe. Rappelez avec bienveillance le cadre, et les gestes autorisés et interdits à l'école.

- Il est important que les enfants comprennent que, s'il y a des différences entre les individus (longueur des cheveux, couleur des yeux, certains handicaps physiques, etc.), il n'y a en revanche qu'une seule chose qui distingue les filles des garçons : l'appareil génital.

- Si certains enfants présentent une différence unique et notable (couleur de peau, handicap…), vous pouvez profiter de cette activité pour travailler sur cette différence, afin de prévenir toute forme de stigmatisation, dans le cas par exemple où cette différence ferait déjà l'objet de commentaires ou de rejet entre enfants.

- Si vous ressentez une gêne des enfants lorsque vous abordez certaines parties du corps, surtout les zones génitales (mais pas uniquement), restez en alerte afin de comprendre le sens de ce malaise, et sollicitez des professionnels de la santé si nécessaire. En cas de suspicion de maltraitance, n'hésitez jamais à effectuer une information préoccupante, même si vous n'avez pas l'aval de votre hiérarchie.

- Terminez la séance en soulignant les similarités entre les enfants.

Variantes

- Il est possible de proposer cette séance en groupe-classe, en imprimant des pièces géantes (par exemple chacune sur un papier au format A3) et en reconstituant le puzzle directement au sol.

- À la quatrième étape (différences et similarités entre les enfants), vous pouvez demander aux enfants de se réunir par groupe, comme dans la séance 2 : « tous les enfants qui ont les yeux marron se mettent de ce côté là de la classe ». Ce type de variante est conseillé comme étape préliminaire pour travailler l'empathie.

MS

4

Séance 4

Ma famille, mes amis

AFFIRMATION DE SOI ET ALTÉRITÉ

 15 à 30 minutes

 Activité manuelle

Objectif

➡ **Avoir conscience de soi**

➡ **Comprendre sa place dans la société**

➡ **Avoir une pensée créative**

➡ **Avoir une pensée critique**

Pensez-y !

Une rencontre ou une réunion d'information avec les parents permet de les rassurer sur leur mission éducative. Il est important qu'ils comprennent par exemple que l'adulte doit répondre de façon équilibrée à la demande d'affection de l'enfant, sans renverser les rôles (l'enfant n'est pas là pour répondre aux besoins affectifs de l'adulte).

Supports à prévoir

- Feuilles et feutres.

Déroulé

1. Demandez aux enfants de faire un dessin sur lequel doivent figurer les êtres qui les accompagnent au quotidien et qu'ils aiment fort.

2. Demandez-leur ensuite de présenter les personnes et les animaux de leur dessin.

   Exemples de réponses attendues :

   - *C'est ma maman, mon papa…*
   - *Là, c'est toi.*
   - *Ici, c'est mon copain [prénom].*

   Pour aider, questionnez

   Avec qui est-ce que tu vis ?

   Est-ce que tu veux dessiner aussi les animaux domestiques, si tu en as ?

   Oui, si tu veux, tu peux dessiner ton doudou / ta mamie qui est morte, mais tu pourrais peut-être la/le dessiner dans une autre couleur, pour faire la différence avec les personnes vivantes.

   Est-ce que tu veux ajouter des personnes de l'école ou de la classe dans ton dessin ?

3. Dans un second temps, les enfants sont invités à différencier les personnages : humains et animaux, adultes et enfants, famille et amis.

À prendre en considération

- L'objectif est d'avoir un aperçu aussi réaliste que possible de leur foyer. Il est cependant habituel que les enfants de cet âge aient des difficultés à repérer les âges et les places des membres du foyer.

- Il est également possible que les enfants de cet âge ne sachent pas dans quel type de bâtiment ils vivent ni avec qui ils vivent. N'insistez pas et laissez-les créer le foyer dont ils ont envie (avec ou sans éléphant !).

- Si la situation se présente, vous pouvez demander aux enfants de différencier les membres de la famille des autres membres du foyer. Il est là encore habituel qu'ils aient des difficultés à savoir qui fait partie de la famille et qui n'en fait pas partie (nounou, amis proches des parents, etc.).

- Prenez en compte les enfants vivant avec un seul parent, vivant en foyer ou placés en famille d'accueil, et les enfants vivant en garde alternée. Si le temps le permet, il est conseillé de créer chaque foyer où l'enfant vit.

- Si un membre de la famille est à l'étranger, hospitalisé ou emprisonné, vous pouvez prévoir une seconde feuille représentant ce pays ou ce bâtiment, afin de concrétiser la place de ce membre temporairement éloigné du foyer.

- Les enfants de la classe vivant au sein d'un même foyer peuvent, s'ils le souhaitent, travailler ensemble.

- Ne minimisez pas la place des animaux domestiques.

- Il n'est pas forcément utile à cet âge de faire preuve d'une discrétion particulière (informations partagées avec l'ensemble de la classe), mais si vous pensez que certaines informations sont sensibles (séparation, décès, placement…), il vous revient d'accompagner avec bienveillance les enfants chez qui cette activité pourrait réveiller des ressentis douloureux.

Variantes

- Vous pouvez proposer aux enfants de dessiner leur foyer et chacun des membres de leur foyer.

- Vous pouvez utiliser des gommettes pour représenter les personnages, en donnant des indications : les papas et les mamans sont des gommettes rouges, les enfants des gommettes vertes, etc.

contenu protégé, reproduction interdite

MS

5

Séance 5

Autorisé, interdit : pourquoi ?

COMPRÉHENSION DE LA LOI

 15 à 30 minutes

 Discussion

Objectif

➡ **Connaître les principales règles applicables en fonction des espaces, des moments et des âges**

➡ **Avoir une pensée critique**

➡ **Être capable de gérer sa frustration**

➡ **Savoir communiquer efficacement**

➡ **Être capable de demander de l'aide**

Pensez-y !

Une rencontre ou une réunion d'information avec les parents permet d'informer les parents sur les différentes règles qui s'appliquent à l'école. C'est également l'occasion d'être informé des règles qui s'appliquent au domicile de l'enfant (heure du coucher, utilisation des écrans, etc.), qui peuvent avoir un impact sur la santé et le développement des enfants auprès desquels vous intervenez.

Supports à prévoir

- Une liste des règles qui s'appliquent à l'école et ailleurs, rédigée par vos soins.
  Exemple d'interdits : taper, sortir de l'école, faire un câlin à quelqu'un qui n'en a pas envie, déchirer un livre, dessiner sur les murs, cracher, tirer les cheveux, se déshabiller devant tout le monde, manger la colle, déchirer les vêtements, etc.

Déroulé

1. Demandez aux enfants si on a le droit de faire du mal à quelqu'un.

2. Demandez aux enfants d'expliquer pourquoi c'est interdit.

Exemples de réponses attendues :

- *Taper un chien.*
- *Arracher un jouet des mains d'un camarade.*
- *Casser un objet.*

Pour aider, questionnez

Est-ce qu'on a le droit de prendre le jouet de quelqu'un d'autre sans demander la permission ?

Est-ce qu'on a le droit de faire des bisous à quelqu'un qu'on aime bien ? Et si la personne ne veut pas recevoir vos bisous, est-ce qu'on peut la forcer ?

3. Demandez aux enfants de vous expliquer comment on peut savoir qu'une personne ou un animal ne veut pas quelque chose.

Exemples de réponses attendues :

- *Le chien grogne …*
- *Un enfant dit « non » ou crie*
- *La personne recule quand on s'approche*

4. Demandez aux enfants de vous expliquer comment on peut savoir qu'une personne ou un animal veut quelque chose.

À prendre en considération

- N'hésitez jamais à énoncer une règle parce qu'elle vous semblerait trop évidente.

- Les enfants de cet âge peuvent avoir des difficultés à expliquer le sens des interdits. Adaptez votre discours à leur capacité de compréhension.

- Certaines règles peuvent faire l'objet d'un débat, et vous-même pouvez être en difficulté pour savoir si telle ou telle situation est acceptable ou ne l'est pas, en fonction de la situation.

- Insistez sur le fait que le moyen le plus simple pour savoir si quelqu'un veut ou pas quelque chose, c'est de le lui demander. Et pour chacun, le moyen le plus simple de faire savoir à quelqu'un ce que l'on aime et ce que l'on n'aime pas, c'est de le lui dire.

Variantes

- Vous pouvez demander aux enfants de dessiner une chose interdite, et une chose autorisée. Chacun expliquera ensuite son dessin.

- Distribuez aux enfants une feuille proposant des dessins représentant des actions autorisées ou interdites. Invitez-les à mettre une gommette verte ou rouge à côté de chaque dessin, pour dire si c'est autorisé ou interdit.

MS

6

Séance 6

Relaxation

INTELLIGENCE ÉMOTIONNELLE

 15 à 30 minutes

 Média

Objectif

➡ **Avoir une pensée créative**

➡ **Savoir gérer ses émotions**

➡ **Savoir gérer son stress**

Supports à prévoir

- Prévoyez un système audio (téléphone portable, ordinateur...) pour diffuser le fichier audio téléchargeable sur edsens.fr.

Déroulé

1. Demandez aux enfants de vous expliquer ce que l'on peut faire lorsqu'on ressent beaucoup d'angoisse et que l'on souhaite se calmer.

> **Exemples de réponses attendues :**
> - *On peut faire un câlin.*
> - *On peut taper sur le canapé.*
> - *Moi je dessine.*

> **Pour aider, questionnez**
>
> Qu'est-ce qu'on peut faire pour éviter de taper ?
>
> Est-ce que ça fonctionne quand tu fais ça ?
>
> Et les autres, vous faites pareil ou vous avez d'autres solutions ?

2. Expliquez aux enfants que vous allez leur proposer une autre solution, qui s'appelle la relaxation. Posez les règles que vous souhaitez.

3. Demandez aux enfants de se coucher par terre, de trouver une position confortable.

4. Diffusez la séance audio de relaxation « 1,2,3, je ferme les yeux ».

5. À la fin de la séance, demandez aux enfants de vous raconter ce qu'ils ont senti pendant la séance.

À prendre en considération

- Prévoyez un passage aux sanitaires avant la séance de relaxation, qui peut être propice à des endormissements ou à des états de conscience limitant la capacité des enfants à ressentir les envies d'aller aux toilettes.

- Certains enfants peuvent avoir de grandes difficultés à se détendre assez pour pouvoir participer. S'ils ne sont pas capables de rester allongés, proposez-leur une activité calme et silencieuse, respectueuse des autres enfants.

- Lors de la phase de bilan de la séance, certains enfants peuvent vous raconter ce qu'ils ont vécu (l'histoire entendue) plutôt que ce qu'ils ont ressenti. C'est tout à fait normal.

Variantes

- Vous pouvez proposer votre propre séance de relaxation, en vous inspirant d'un des sujets suivant :

    – une visite au zoo sur le dos d'une girafe,

    – une promenade sur la plage,

    – à la rencontre des couleurs.

MS

7

Séance 7

Savoir dire oui, savoir dire non

AFFIRMATION DE SOI ET ALTÉRITÉ

 15 à 30 minutes

 Discussion

Objectif

➡ **Savoir prendre des décisions**

➡ **Savoir communiquer efficacement**

➡ **Être habile dans ses relations**

➡ **Savoir gérer des conflits**

➡ **Avoir de l'empathie pour les autres**

Pensez-y !

Une rencontre ou une réunion d'information avec les parents permet de les préparer aux réactions que leur enfant pourrait avoir à la suite de cette séance, comme la possibilité qu'un enfant rejette un parent souhaitant lui faire un câlin.

Supports à prévoir

Aucun support à prévoir pour cette séance.

Déroulé

1. Proposez à un enfant de jouer une petite saynète où un autre enfant lui prendrait son doudou sans le lui avoir demandé.

Pour aider, questionnez

Imagine que tu es en train de jouer avec ton doudou, et qu'un autre enfant arrive et te prend ton doudou, sans avoir demandé la permission.
Qu'est-ce que tu peux faire ? Qu'est-ce que tu peux dire ?

2. Demandez aux autres enfants d'aider leur camarade en proposant des solutions.

Exemples de réponses attendues :

- *Il faut crier, taper, reprendre le doudou…*

- *Il faut le dire à un adulte.*

Pour aider, questionnez

Est-ce qu'on a le droit de prendre un jouet des mains sans avoir demandé ?

Est-ce qu'on a le droit de taper l'autre enfant pour reprendre son jouet ?

3. Demandez aux enfants de citer des situations où ils auraient besoin d'aide, et à quelles solutions non violentes ils pourraient avoir recours pour résoudre ce problème.

4. Demandez aux enfants de citer les personnes qui peuvent les aider s'ils ont un problème, une question, si quelque chose ne va pas.

Exemples de réponses attendues :

- *Papa, maman.*

- *La maîtresse, le maître, les policiers…*

À prendre en considération

- L'enjeu de cette séance est de poser les bases de la gestion de conflit, en invitant les enfants à trouver des solutions non violentes pour résoudre une situation de tension.

- Cette séance est l'occasion de rappeler aux enfants que vous pouvez leur apporter de l'aide si quelque chose ne va pas, par exemple à la maison, si on leur fait du mal ou qu'ils ont peur de quelqu'un.

- Soyez à l'écoute et sollicitez des professionnels de la santé si nécessaire. En cas de suspicion de maltraitance, n'hésitez jamais à effectuer une information préoccupante, même si vous n'avez pas l'aval de votre hiérarchie.

Variantes

- Vous pouvez proposer aux enfants différents exemples de conflits, ou des dessins représentant des situations de conflit.

- Vous pouvez proposer aux enfants différentes solutions (parler, taper, demander l'aide d'un adulte…) et leur demander de choisir la ou les solutions les plus adaptées.

Notes

GS

1

Séance 1

Connaître les émotions

INTELLIGENCE ÉMOTIONNELLE

⏱ 15 à 30 minutes

✋ Activité manuelle

Objectif

➡ **Repérer et verbaliser ses ressentis**

➡ **Savoir gérer ses émotions**

➡ **Savoir communiquer efficacement**

Pensez-y !

Une rencontre ou une réunion d'information avec les parents permet de préparer le terrain de vos séances, ce qui sera bénéfique à la fois pour les enfants, pour leurs parents, et pour vous.

Supports à prévoir

- Réunissez 5 à 10 objets dont les textures sont différentes.
  Par exemple : une peluche douce, une éponge humide, un morceau de paillasson, une bouteille d'eau qui sort du réfrigérateur, une bouillotte en graines de lin légèrement réchauffée, une pomme, etc.

Déroulé

1. Les enfants sont assis, placés en cercle autour des objets déposés au centre.

2. À tour de rôle, chaque enfant se lève, va au centre du cercle pour ramasser un objet de son choix ou désigné par l'adulte.

3. L'enfant tenant l'objet dit ce qu'il ressent. Il peut fermer ses yeux s'il le souhaite.

Exemples de réponses attendues :

- *C'est doux. C'est agréable. J'aime bien.*
- *C'est bizarre.*
- *Ça pique. Je n'aime pas.*

Pour aider, questionnez

Est-ce que c'est chaud ou froid ? Doux ou dur ?

Est-ce que ça sent bon ou mauvais ?

Est-ce que c'est agréable ou désagréable ?

4. Dans un second temps, les enfants sont invités à dire quelles matières de leur quotidien ils prennent du plaisir à toucher.

Exemples de réponses attendues :

- *La peau/les cheveux de …*
- *Le doudou*
- *La couverture du lit*
- *Un vêtement*

5. Chacun peut expliquer à quel moment il est agréable de toucher cette matière : après un chagrin, pour s'endormir, etc. Cela permet à l'enfant de faire un lien entre la problématique rencontrée (un ressenti positif ou négatif), le besoin ressenti (apaisement, douceur…) et la solution trouvée (objet apaisant).

À prendre en considération

- Le toucher est le premier sens à se développer chez le nourrisson.

- Il n'y a pas de bonne ni de mauvaise réponse.

- De nombreux enfants répondent par mimétisme, en fonction des réponses données par les enfants qui les ont précédés, ce qui est normal.

- Certains enfants sont tentés de décrire l'objet plutôt que leurs ressentis, ce qui est normal.

- Certains enfants ont beaucoup de difficulté à ressentir et à poser des mots sur leurs ressentis. Vous pouvez proposer sans insister, mais **gardez en tête qu'en proposant des réponses, les enfants seront tentés de répondre par l'affirmative pour vous faire plaisir plutôt qu'en cherchant leurs véritables ressentis.**

- Certains enfants se protègent de maltraitances vécues en réprimant leurs ressentis. Soyez à l'écoute et sollicitez des professionnels de la santé si nécessaire. En cas de suspicion de maltraitance, n'hésitez jamais à effectuer une information préoccupante, même si vous n'avez pas l'aval de votre hiérarchie.

Variantes

- Cette séance peut avoir lieu en extérieur, en invitant les enfants à toucher les matières présentes autour d'eux (tronc, herbe, mousse, goudron, etc.) et à verbaliser leurs ressentis. D'autres sens seront alors sollicités comme la vue (éblouissement par la lumière, obscurité…) ou l'odorat (les parfums de l'herbe, des fleurs…).

- Il est également possible de proposer aux enfants de venir avec un objet de leur choix, qu'ils aiment toucher.
  Chacun sera invité à présenter son objet aux autres enfants et à expliquer à quel moment il est agréable de le toucher : après un chagrin, pour s'endormir, etc.

GS

2

Séance 2

Similarités et différences

STÉRÉOTYPES ET REPRÉSENTATIONS

 15 à 30 minutes

 Activité manuelle

Objectif

➡ **Prendre conscience de sa propre identité**

➡ **Savoir prendre des décisions**

➡ **Avoir de l'empathie pour les autres**

➡ **Prévenir les stéréotypes de genre**

Pensez-y !

Une rencontre ou une réunion d'information avec les parents peut permettre de les alerter – sans les culpabiliser – sur l'impact négatif que peuvent avoir certains de leurs automatismes sur le développement de leur enfant (commentaires et réactions du type « ça, c'est pour les filles », « les garçons ne font pas ça »…).

Supports à prévoir

Aucun support à prévoir pour cette séance.

Déroulé

1. Proposez aux enfants de déambuler dans la salle, puis de se regrouper en fonction de vos consignes.

2. À la fin du jeu, vous pouvez demander aux enfants ce qu'ils ont ressenti, notamment s'ils se sont retrouvés tout seuls.

À prendre en considération

- Profitez de cette séance pour travailler sur la prévention de la stigmatisation et des stéréotypes limitants (et les moqueries qui peuvent en découler), en informant sur la culture et les normes sociales actuelles. Il est important de distinguer les habitudes ou les coutumes des règles. Il n'est pas interdit pour un garçon de porter du rose, il n'y a aucune honte pour une fille d'avoir les cheveux courts.

Variantes

- Vous pouvez coller une gommette sur la main de chaque enfant, et leur demander de se regrouper par couleur de gommette.

- Vous pouvez coller une gommette sur la main et une gommette sur le pied de chaque enfant, et leur demander de se regrouper par couleur de gommette de main ou par couleur de gommette de pied.

GS

Séance 3

Les parties du corps, les bébés

CONNAISSANCES

 15 à 30 minutes

 Activité manuelle

Objectif

➡ **Avoir une meilleure connaissance de l'anatomie humaine**

➡ **Savoir poser des questions sur l'intimité**

➡ **Avoir conscience de soi**

Pensez-y !

Une rencontre ou une réunion d'information avec les parents peut prévenir la surprise et le malaise – voire la colère – de certains parents lorsqu'un enfant utilise certains mots appris à l'école pour désigner les zones génitales.

Supports à prévoir

- Imprimez sur un papier épais et découpez les différentes pièces de chacun des quatre puzzles « corps humain » proposés dans cet ouvrage. Vous pouvez coller les pièces sur du carton plume pour les épaissir et faciliter leur prise en main. La taille des pièces dépendra de la technique d'animation choisie (groupe-classe ou petits groupes).

Déroulé

1. En petits groupes de trois ou quatre, les enfants sont invités à reconstituer chacun des deux puzzles du corps d'un enfant (petit garçon et petite fille).

2. Les enfants sont ensuite invités à nommer chaque partie du corps en les désignant.

    Exemples de réponses attendues :

    - *Le bras.*

    - *La tête.*

    - *Le pénis, la vulve.*

    Pour aider, questionnez

    Où se trouve la tête du petit garçon ?

    Quelle est la couleur de ses cheveux ?

    Quelle est la couleur des yeux de la petite fille ?

3. Proposez ensuite aux enfants, toujours en petits groupes, de reconstituer les puzzles des adultes.

4. Expliquez-leur que l'un des quatre personnages est enceinte, et qu'il faut désigner la bonne personne et l'endroit du corps où se trouve le bébé.

    Pour aider, questionnez

    D'où viennent les bébés ? Qui est enceinte des bébés ? Le petit garçon ? La petite fille ? Le monsieur ? La dame ?

À prendre en considération

- Nommer les parties génitales est souvent difficile pour les adultes. Il est conseillé de nommer ces parties-là du corps comme vous le faites pour les autres parties du corps, sans insister particulièrement ni transmettre aux enfants votre éventuelle gêne. Vous pouvez accepter les mots proposés par les enfants (« zizi », « zézette », etc.) puis **leur proposer d'autres mots, afin qu'ils les connaissent** : « sexe » pour les deux enfants, « pénis » pour les garçons, « vulve » pour les filles (et non « vagin », qui correspond à la partie interne et donc non visible à l'extérieur du corps).

- Dans l'excitation, certains enfants peuvent être tentés de montrer leurs parties génitales à tout le groupe. Rappelez avec bienveillance le cadre, et les gestes autorisés et interdits à l'école.

- Il est important que les enfants comprennent que, s'il y a des différences entre les individus (longueur des cheveux, couleur des yeux, certains handicaps physiques, etc.), il n'y a en revanche qu'une seule chose qui distingue les filles des garçons : l'appareil génital.

- Si certains enfants présentent une différence unique et notable (couleur de peau, handicap…), vous pouvez profiter de cette activité pour travailler sur cette différence, afin de prévenir toute forme de stigmatisation, dans le cas par exemple où cette différence ferait déjà l'objet de commentaires ou de rejet entre enfants.

- Si vous ressentez une gêne des enfants lorsque vous abordez certaines parties du corps, surtout les zones génitales (mais pas uniquement), restez en alerte afin de comprendre le sens de ce malaise, et sollicitez des professionnels de la santé si nécessaire. En cas de suspicion de maltraitance, n'hésitez jamais à effectuer une information préoccupante, même si vous n'avez pas l'aval de votre hiérarchie.

- Proposez des synonymes pour désigner les adultes : femme, dame, maman, hommes, papa, monsieur. Si vous le souhaitez, vous pouvez parler du fait qu'il faut *habituellement* une femme et un homme pour faire un bébé (les procédés techniques permettent aujourd'hui des alternatives). Vous pouvez préciser que pour élever un enfant, on peut être un homme seul, une femme seule, deux femmes ou deux hommes. Si vous n'êtes pas à l'aise avec ce sujet, vous pouvez l'occulter (il est préférable de ne pas transmettre une information que vous maîtriser mal plutôt que de transmettre de la gêne).

Variantes

- Il est possible de proposer l'activité en groupe-classe, en imprimant des pièces géantes (par exemple chacune sur un papier au format A3) et en reconstituant le puzzle directement au sol.

Séance 4

Les différents types d'amour

AFFIRMATION DE SOI ET ALTÉRITÉ

 15 à 30 minutes

 Discussion

Objectif

➡ **Avoir conscience de soi**

➡ **Savoir communiquer efficacement**

➡ **Avoir de l'empathie pour les autres**

➡ **Avoir une pensée critique**

Pensez-y !

Une rencontre ou une réunion d'information avec les parents permet de les rassurer sur leur mission éducative. Il est important qu'ils comprennent par exemple que l'adulte doit répondre de façon équilibrée à la demande d'affection de l'enfant, sans renverser les rôles (l'enfant n'est pas là pour répondre aux besoins affectifs de l'adulte).

Supports à prévoir

- Les illustrations de la séance, que vous pouvez imprimer ou projeter sur un écran.

Déroulé

1. Demandez aux enfants ce qu'ils aiment et qui ils aiment en leur demandant de réagir à des images que vous leur montrez.

   Exemples de réponses attendues :
   - *J'aime bien / J'aime pas.*
   - *J'adore / Je déteste.*

   Pour aider, expliquez

   Il existe différentes façons d'aimer..

   Moi, par exemple, j'aime le gâteau au chocolat. J'aime en manger.

   Mais j'aime aussi mon chat, mais je n'ai pas envie de le manger !

   Et j'aime bien lire au calme, et parfois courir au bord de la mer.

   Et vous, est-ce que vous aimez...

2. Dans un second temps, proposez aux enfants de faire un dessin avec tous les êtres et toutes les choses qu'ils aiment le plus : couleurs, activités, peluches, aliments, animaux, famille, amis, etc.

3. Invitez les enfants à présenter leur dessin aux autres.

À prendre en considération

- Il n'est pas forcément utile à cet âge de faire preuve d'une discrétion particulière (informations partagées avec l'ensemble de la classe), mais si vous pensez que certaines informations sont sensibles (séparation, décès, placement…), il vous revient d'accompagner avec bienveillance les enfants chez qui cette activité pourrait réveiller des ressentis douloureux.

Variantes

- Vous pouvez utiliser des illustrations pour que les enfants collent sur leur dessin les images des personnes, des activités, des aliments et des objets qu'ils aiment.

GS

5

Séance 5

Autorisé, interdit : pourquoi ?

COMPRÉHENSION DE LA LOI

 15 à 30 minutes

 Discussion

Objectif

➡ **Connaître les principales règles applicables en fonction des espaces, des moments et des âges**

➡ **Avoir une pensée critique**

➡ **Être capable de gérer sa frustration**

➡ **Savoir communiquer efficacement**

➡ **Être capable de demander de l'aide**

Pensez-y !

Une rencontre ou une réunion d'information avec les parents permet d'informer les parents sur les différentes règles qui s'appliquent à l'école. C'est également l'occasion d'être informé des règles qui s'appliquent au domicile de l'enfant (heure du coucher, utilisation des écrans, etc.), qui peuvent avoir un impact sur la santé et le développement des enfants auprès desquels vous intervenez.

Supports à prévoir

- Une liste des règles qui s'appliquent à l'école et ailleurs, rédigée par vos soins.
  Exemple d'interdits : taper, sortir de l'école, faire un câlin à quelqu'un qui n'en a pas envie, déchirer un livre, dessiner sur les murs, cracher, tirer les cheveux, se déshabiller devant tout le monde, manger la colle, déchirer les vêtements, etc.

Déroulé

1. Demandez aux enfants de vous citer des choses qu'il est autorisé de faire, et ce qu'il est interdit de faire à l'école.

2. Demandez aux enfants d'expliquer pourquoi c'est interdit.

   Exemples de réponses attendues :

   - *Taper les autres.*
   - *Voler les jouets.*
   - *Tirer les cheveux.*

   Pour aider, questionnez

   Est-ce qu'il y a autre chose que vous n'avez pas le droit de faire ici ?

   Est-ce qu'il y a des choses que vous n'avez pas le droit de faire dans la classe, mais que vous avez le droit de faire dans la cour ? Pourquoi ?

   Est-ce qu'il y a des choses que vous n'avez pas le droit de faire à l'école, mais que les adultes ont le droit de faire ? Pourquoi ?

3. Demandez aux enfants de vous citer des choses qu'il est interdit de faire à la maison, et d'expliquer pourquoi c'est interdit, et pour qui ces règles s'appliquent.

   Exemples de réponses attendues :

   - *Jouer avec le téléphone de …*
   - *Mettre de l'eau par terre dans la salle de bain*
   - *Réveiller les autres le matin*

4. Demandez-leur si certaines règles s'appliquent à tout le monde, que l'on soit un enfant ou un adulte.
   Exemple : tuer, voler, taper, etc.

5. Demandez-leur si certaines choses sont autorisées pour tout le monde.

À prendre en considération

- N'hésitez jamais à énoncer une règle parce qu'elle vous semblerait trop évidente.

- Les enfants de cet âge peuvent avoir des difficultés à expliquer le sens des interdits. Adaptez votre discours à leur capacité de compréhension.

- Vous pouvez proposer des exemples déconcertants : « est-ce que vous avez le droit de venir tous nus à l'école ? De faire pipi dans la classe ? »

- La partie de l'intervention sur les règles applicables au domicile des enfants est la plus délicate. C'est lors de ces échanges que les enfants pourront faire des révélations susceptibles de vous déstabiliser. Si un propos vous surprend ou vous choque, ne vous forcez pas à réagir immédiatement, devant toute la classe, si vous ne vous en sentez pas capable. Chaque propos évoquant une situation potentiellement problématique devra faire l'objet d'une information préoccupante. N'hésitez jamais à demander de l'aide à un autre professionnel (collègue, hiérarchie, professionnel de la santé, structure spécialisée, etc.).

- Il est primordial de citer les actions autorisées. Si possible, la liste des choses autorisées devrait être un peu plus longue que celle des choses interdites, afin que les enfants réalisent qu'il y a beaucoup plus d'actions autorisées que d'actions interdites, à l'école comme ailleurs.

- Certaines règles peuvent faire l'objet d'un débat, et vous-même pouvez être en difficulté pour savoir si telle ou telle situation est acceptable ou ne l'est pas, en fonction de la situation.

Variantes

- Avec un groupe dissipé, vous pouvez citer des règles à l'oral, l'une après l'autre, en demandant aux enfants de lever une feuille verte ou une feuille rouge pour signifier si l'action est autorisée ou interdite. Vous désignerez alors des enfants pour qu'ils expliquent le sens de leur choix.

- Distribuez aux enfants une feuille proposant des dessins représentant des actions autorisées ou interdites à l'école. Invitez-les à mettre une gommette verte ou rouge à côté de chaque dessin, pour distinguer les actions autorisées et interdites.

Séance 6

Relaxation

INTELLIGENCE ÉMOTIONNELLE

 15 à 30 minutes

 Média

Objectif

➡ **Avoir une pensée créative**

➡ **Savoir gérer ses émotions**

➡ **Savoir gérer son stress**

Supports à prévoir

- Prévoyez un support pour dessiner les propositions des enfants.
- Prévoyez un système audio (téléphone portable, ordinateur...) pour diffuser le fichier audio téléchargeable sur edsens.fr.

Déroulé

1. Demandez aux enfants de vous expliquer ce que l'on peut faire lorsqu'on ressent beaucoup d'angoisse et que l'on souhaite se calmer.

> **Exemples de réponses attendues :**
> - *On peut faire un câlin.*
> - *On peut taper sur le canapé.*
> - *Moi je dessine.*

> **Pour aider, questionnez**
>
> Qu'est-ce qu'on peut faire pour éviter de taper ?
>
> Est-ce que ça fonctionne quand tu fais ça ?
>
> Et les autres, vous faites pareil ou vous avez d'autres solutions ?

2. Expliquez aux enfants que vous allez leur proposer une autre solution, qui s'appelle la relaxation. Posez les règles que vous souhaitez.

3. Demandez aux enfants de se coucher par terre, de trouver une position confortable.

4. Diffusez la séance audio de relaxation « Je touche les nuages ».

5. À la fin de la séance, demandez aux enfants de vous raconter ce qu'ils ont senti pendant la séance.

À prendre en considération

- Prévoyez un passage aux sanitaires avant la séance de relaxation, qui peut être propice à des endormissements ou à des états de conscience limitant la capacité des enfants à ressentir les envies d'aller aux toilettes.

- Certains enfants peuvent avoir de grandes difficultés à se détendre assez pour pouvoir participer. S'ils ne sont pas capables de rester allongés, proposez-leur une activité calme et silencieuse, respectueuse des autres enfants.

- Lors de la phase de bilan de la séance, certains enfants peuvent vous raconter ce qu'ils ont vécu (l'histoire entendue) plutôt que ce qu'ils ont ressenti. C'est tout à fait normal.

Variantes

- Vous pouvez proposer votre propre séance de relaxation, en vous inspirant d'un des sujets suivant :

    – une visite au zoo sur le dos d'une girafe,

    – une promenade sur la plage,

    – à la rencontre des couleurs.

Séance 7

Se sentir protégé

AFFIRMATION DE SOI ET ALTÉRITÉ

 15 à 30 minutes

 Discussion

Objectif

➡ **Savoir prendre des décisions**

➡ **Savoir communiquer efficacement**

➡ **Être habile dans ses relations**

➡ **Avoir conscience de soi**

➡ **Avoir de l'empathie pour les autres**

Pensez-y !

Une rencontre ou une réunion d'information avec les parents permet de les préparer aux réactions que leur enfant pourrait avoir à la suite de cette séance, comme la possibilité qu'un enfant rejette un parent souhaitant lui faire un câlin.

Supports à prévoir

- Imprimez en grand format (A3 ou plus) l'affiche proposée.

Déroulé

1. Fixez l'affiche sur un mur et réunissez les enfants face à ce nouveau support.

2. Expliquez aux enfants que cette affiche peut les aider à dire ce qu'ils ressentent lorsqu'ils ne trouvent pas les mots. Questionnez les enfants sur ce qu'ils comprennent en désignant à chaque fois le visuel correspondant.

   Exemples de réponses attendues :
   - *Quand on veut faire dodo.*
   - *Quand on pleure.*
   - *Quand on veut faire pipi.*

   Pour aider, questionnez

   D'après vous, c'est un dessin pour dire qu'on a sommeil ou qu'on a faim ?

   Le visage qui pleure, c'est pour dire qu'on est heureux ou qu'on est triste ?

   Comment peut-on dire qu'on envie de faire pipi ?

3. Demandez aux enfants s'ils peuvent rencontrer d'autres problèmes, qui ne seraient pas sur l'affiche.

4. Proposez-leur de faire un dessin pour montrer « comment ils se sentent protégés ».

   Pour aider, questionnez

   Où est-ce que tu te sens bien ?

   Est-ce qu'il y a des gens avec qui tu te sens en sécurité ? Tu peux te dessiner avec eux ?

5. Demandez aux enfants de citer les personnes qui peuvent les aider s'ils ont un problème, une question, si quelque chose ne va pas.

   Exemples de réponses attendues :
   - *Papa, maman.*
   - *La maîtresse, le maître, les policiers…*

À prendre en considération

- La plupart des enfants n'auront pas besoin de cette affiche en temps normal. C'est une « roue de secours » permettant aux enfants qui n'auraient pas le vocabulaire nécessaire de vous alerter sur le fait que quelque chose ne va pas, qu'ils ont besoin d'aide.

- Ne surinterprétez pas les dessins des enfants, soyez simplement attentif lorsqu'ils vous expliquent ce qu'ils ont dessiné.

- Lors de cette séance, vous pouvez proposer des questions invitant les enfants à différencier la fiction et la réalité : « est-ce que Batman et Spiderman peuvent vous aider si vous avez un problème ? Est-ce qu'ils existent en vrai ou uniquement dans les films et les dessins animés ? ».

- Cette séance est l'occasion de rappeler aux enfants que vous pouvez leur apporter de l'aide si quelque chose ne va pas, par exemple à la maison, si on leur fait du mal ou qu'ils ont peur de quelqu'un.

- Il peut être pertinent de solliciter la présence du psychologue scolaire lors de cette séance.

- Soyez à l'écoute et sollicitez des professionnels de la santé si nécessaire. En cas de suspicion de maltraitance, n'hésitez jamais à effectuer une information préoccupante, même si vous n'avez pas l'aval de votre hiérarchie.

Variantes

- Vous pouvez utiliser l'affiche comme rituel d'accueil le matin, pour questionner les enfants sur leur état émotionnel.

- Vous pouvez proposer aux enfants d'utiliser des matières pour créer leur dessin, en utilisant par exemple des morceaux de tissus dont la texture est agréable.

Notes

Les ressources pédagogiques

Vous trouverez une sélection de ressources, mise à jour régulièrement, ainsi que les informations permettant l'achat ou le téléchargement de ces ressources sur notre site internet.

Rendez-vous sur edsens.fr

Les crédits et partenaires

Ce support est proposé par Bonheur.fr, qui regroupe les différents programmes EdSens®, EdSex® et SensoPrev®. Le site internet regroupe de nombreuses ressources dédiées à la thématique de l'éducation à la vie affective, à la sensibilisation et la prévention des violences sexuelles et sexistes.

➤ **bonheur.fr**

Ce support est édité avec le soutien de l'Association Une Vie®, engagée dans la promotion du respect entre les êtres et l'épanouissement de l'individu et du collectif, en diffusant notamment des supports en vue de la protection des enfants face au risque de violences sexuelles.

C'est une association française d'intérêt général, laïque, apolitique, qui distribue des contenus de prévention sur toute la planète, dans plus de 30 langues.

➤ **1vie.org**

– À propos de l'auteur

Sébastien Brochot est le président-fondateur de l'Association Une Vie (**1vie.org**), active dans la protection de l'enfance face aux risques de violences sexuelles. Il est l'auteur de nombreuses campagnes de prévention, comme **Consentement.info** (+4 millions de vues sur les réseaux sociaux) ou **PedoHelp**® (distingué par le Conseil de l'Europe).

Il a intégré en 2018 l'équipe du **CRIAVS Île-de-France** (Hôpitaux de Saint-Maurice), un service public spécialisé dans les violences sexuelles, au sein duquel il développe le média francophone de référence **Violences-Sexuelles.info** dans le but de diffuser une information claire et fiable sur le sujet. Au sein de ce centre ressources, il forme et accompagne tout au long de l'année des professionnels de nombreux champs professionnels (santé, justice, social, éducation, forces de l'ordre, public associatif…).

Il est l'auteur de plusieurs ouvrages de développement personnel, de prévention des violences sexuelles, et de supports d'éducation à la vie affective.

➤ **sebastienbrochot.com**

Programme **Ed**Sens

28 séances d'éducation et sensibilisation à la vie affective
en **MATERNELLE**

Cet ouvrage propose des séances « clé en main » d'éducation à la vie affective destinées à un public d'enfants de maternelle : Toute Petite Section (TPS), Petite Section (PS), Moyenne Section (MS), Grande Section (GS).

Pour chaque niveau, 7 séances sont proposées, sur 5 thématiques : intelligence émotionnelle, stéréotypes et représentations, connaissances, affirmation de soi et altérité, compréhension de la loi.

Les supports des séances sont inclus dans ce livret ou disponibles au téléchargement.

Un **Cahier de l'intervenant en maternelle et en élémentaire** complète cet ouvrage.

bonheur.fr

SUPPORTS

Les supports proposés ici sont des **dessins**.

Il existe des supports identiques*
au format photo
afin de proposer des visuels plus réalistes
aux enfants, si vous le souhaitez.

Ils sont téléchargeables sur edsens.fr.

Les affiches sont disponibles au format A3.

Elles sont téléchargeables sur edsens.fr.

CODE DE TÉLÉCHARGEMENT :
8Sp9@46F

* Certains visuels ne sont pas disponibles au format photo : smileys, planches anatomiques, affiches.

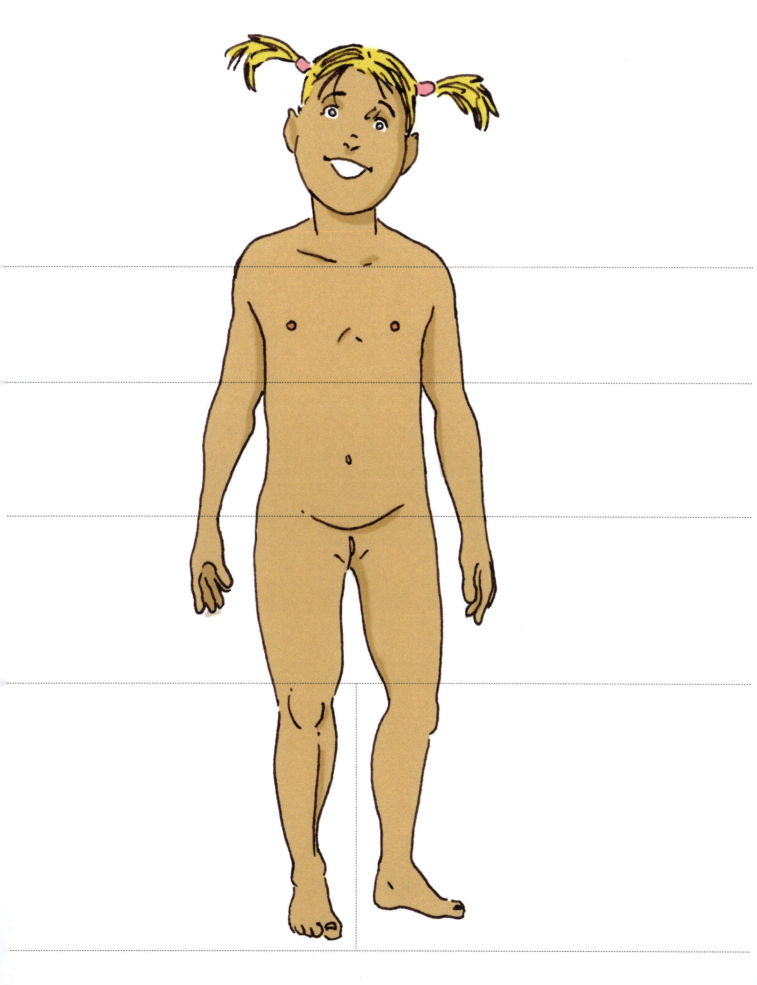

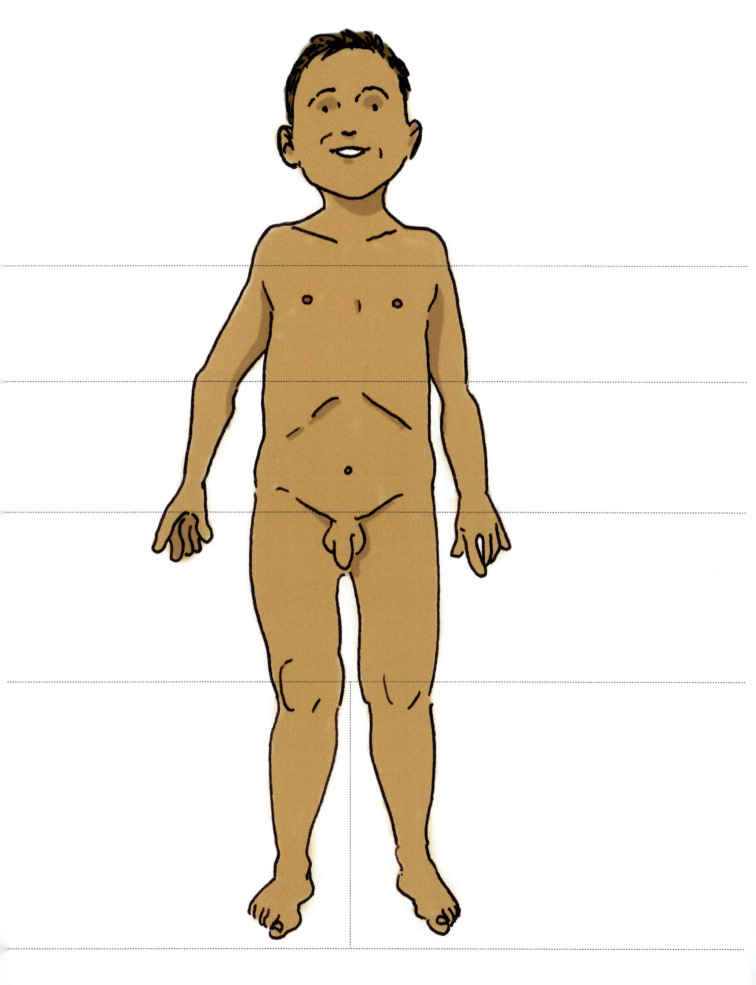

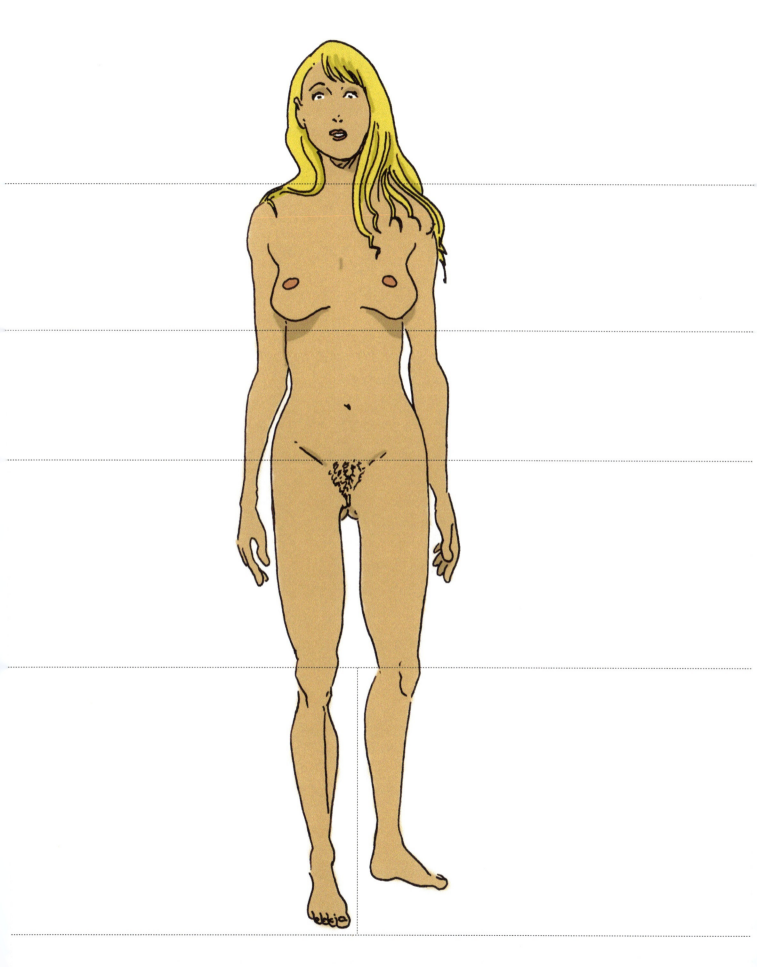

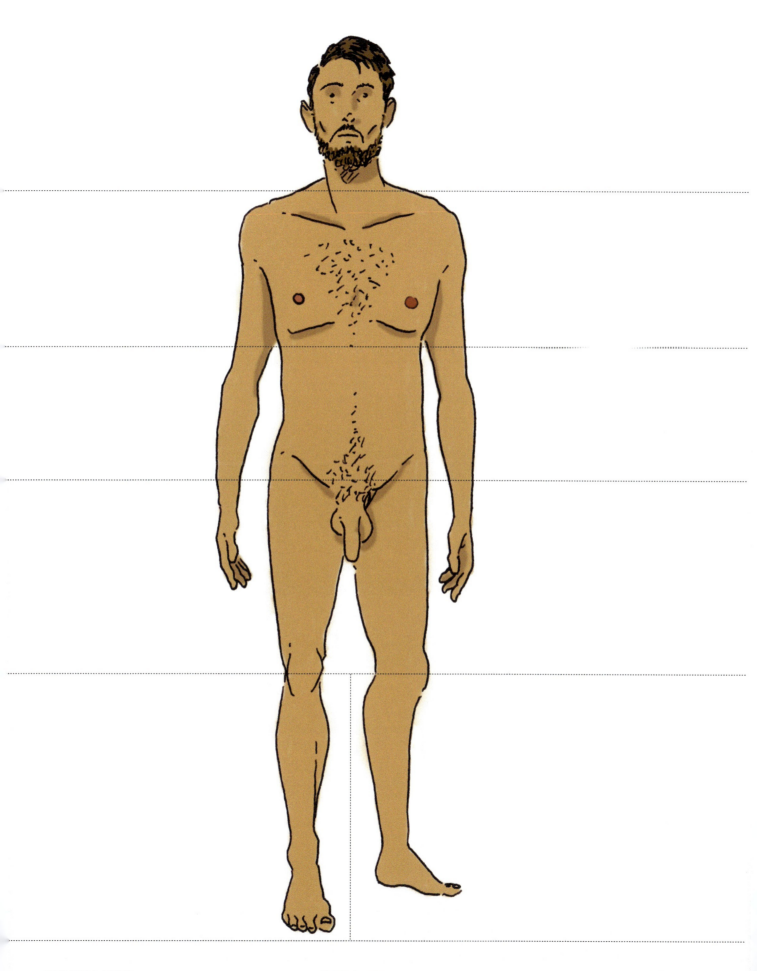

Puzzle petit garçon (variante)

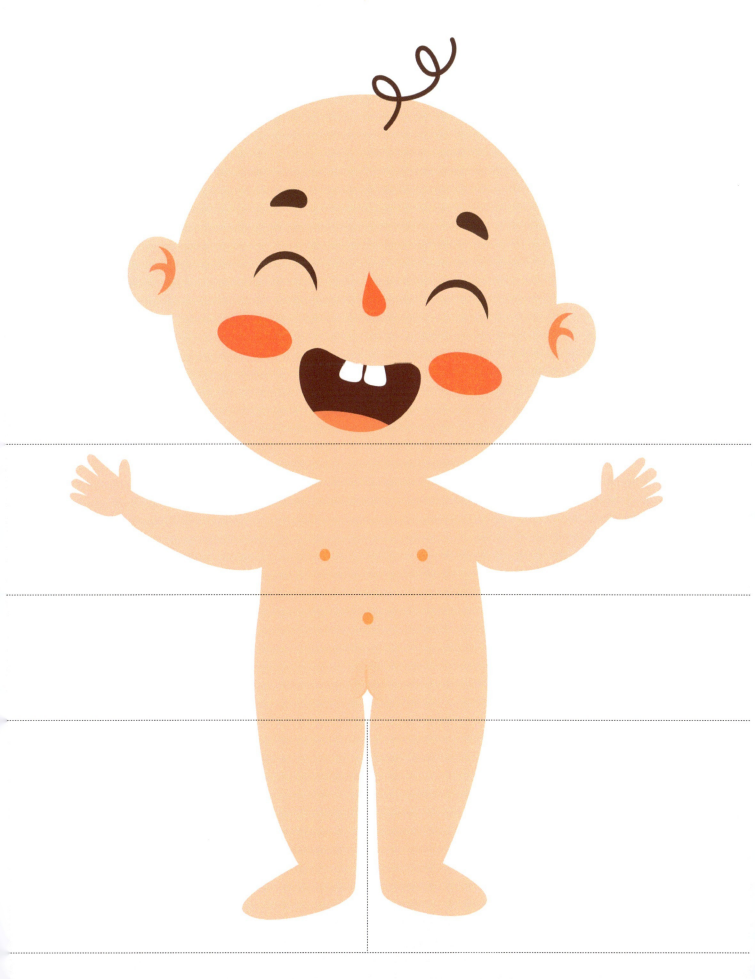

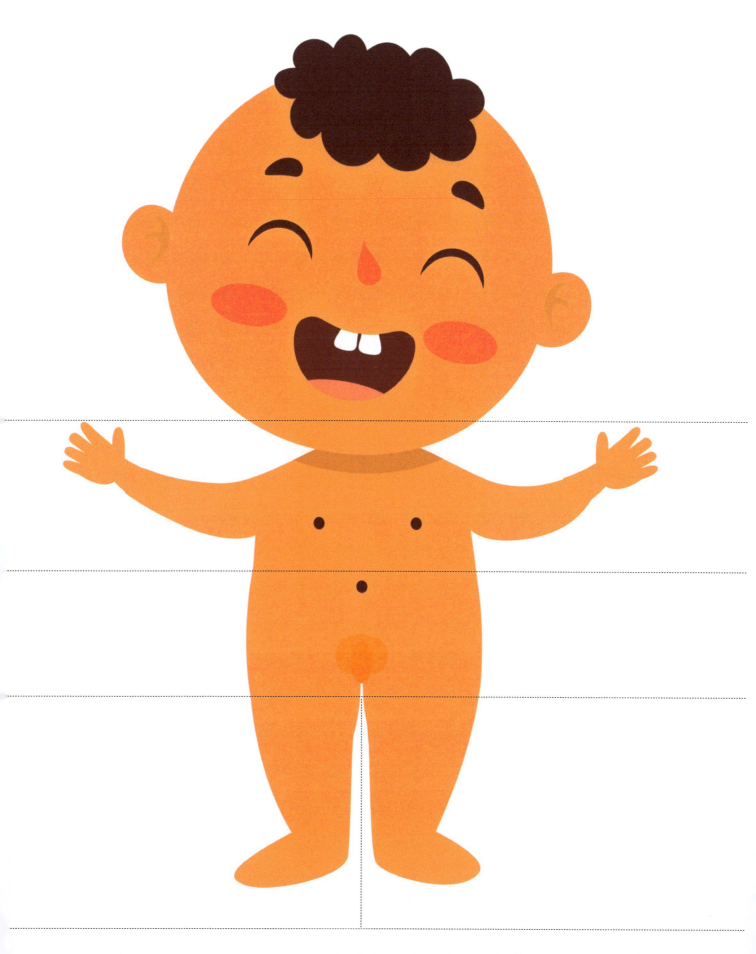

Personnage 7

Animal 3

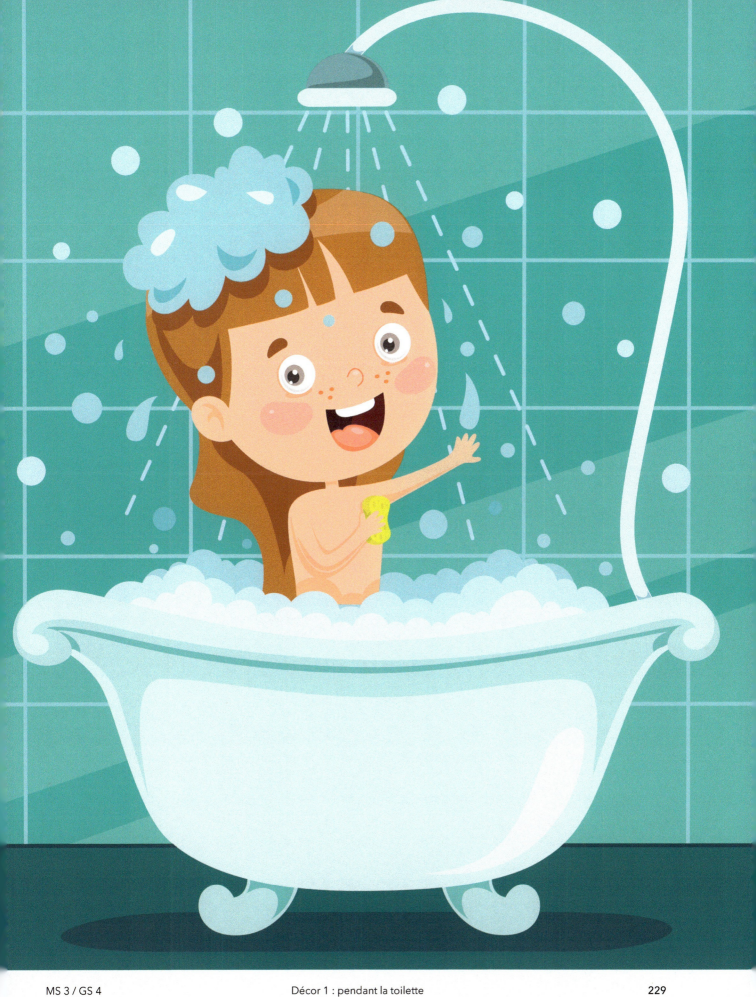

Décor 2 : au square

Décor 3 : dehors, en promenade

Décor 4 : en voyage

Affiche 3 (alternative)

Aimer une activité 3

Aimer un jouet

Aimer un animal

Avoir de l'amitié pour ses amis

Être amoureux de quelqu'un

Printed in Poland
by Amazon Fulfillment
Poland Sp. z o.o., Wrocław

26439358R00152